Iris Heerdegen

Schottland
Wanderungen
mit Robert Louis Stevenson

Books on Demand GmbH

© September 2018

Herstellung und Verlag: BoD- Books on Demand, Norderstedt

www.bod.de

Die Deutsche Nationalbibliothek verzeichnet diese Publikation in der Deutschen Nationalbibliographie; detaillierte bibliographische Daten sind im Internet über dnb.d-nb.de abrufbar.

Das Werk einschließlich aller Abbildungen ist urheberrechtlich geschützt. Jede Verwertung außerhalb der Grenzen des Urheberrechtschutzgesetzes ist ohne Zustimmung des Verlages und der Autoren unzulässig und strafbar. Das gilt besonders für Vervielfältigungen, Übersetzungen, Mikroverfilmungen und die Einspeicherung und Bearbeitung in elektronischen Systemen.
Die Autorin übernimmt die Verantwortung für den Inhalt des Werkes.
Autorin: Iris Heerdegen
Umschlaggestaltung: Ursula Ritzmann

3. Überarbeitete Auflage
Printed in Germany
ISBN: 9783739220031

Blows the wind today, and sun and rain are flying
Blows the wind on the moors today and now
Where about the graves of the martyrs the whaups are crying
My heart remembers how
Grey recumbent tombs of the dead in desert places
Standing stones, on the vacant wine-red moor,
Hills of sheep, and the howls of silent vanished races
And winds austere and pure
Robert Louis Stevenson

Denkmal von Alan Breck und David Balfour Corstophine Road Edinburgh

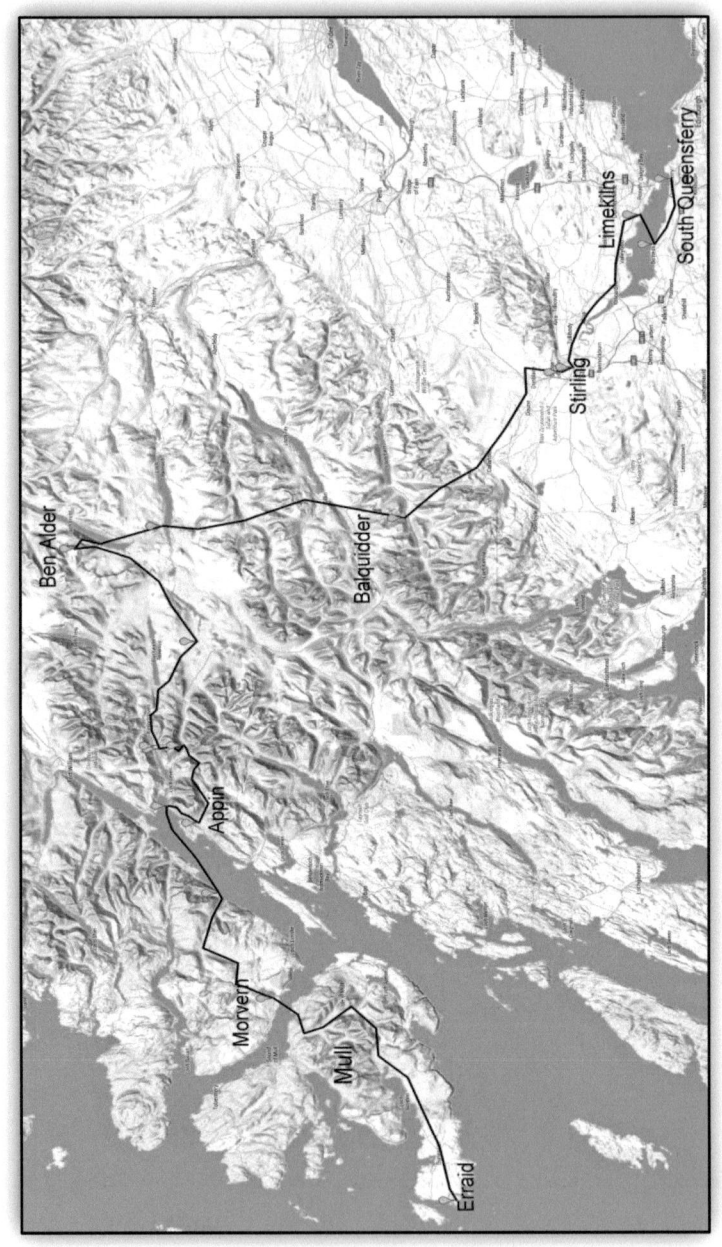

Karte der Strecke, die David Balfour und Alan Breck zurücklegten.
© google maps: https://mapsengine.google.com/map/edit?mid=z0bXl22cuCZU.kaitMuJHdXSc

Vorwort

Ich weiß nicht, wie alt ich war, als ich das erste Buch von Robert Louis Stevenson in der Hand hielt und fasziniert davon war, die Schatzinsel, die zur Pflichtlektüre in der Schule gehörte, in der ehemaligen DDR.

Natürlich habe ich auch die fesselnde Verfilmung des Stoffes im Fernsehen gesehen, im Rahmen der Adventsvierteiler, die um die Weihnachtszeit immer liefen. Diese Filme, die von 1964 bis 1983 liefen, waren dann der Grund weitere Romane von Stevenson zu lesen, und zwar »*Entführt, die Abenteuer des David Balfour*« und »*Catriona*«.

Diese beiden Bücher faszinierten mich so, dass ich unbedingt einmal nach Schottland wollte, was zu jener Zeit ein bizarrer, ferner Traum war. Ich war eingesperrt in meinem eigenen Land. Reisen konnte ich nur in Romanen, Filmen und in meiner Fantasie.

Doch dann kam die Wende und 1992 erfüllte ich mir diesen Traum. Als ich an frühen Morgen mit dem Bus von London kommend, Arthurs Seat in der Julisonne sah, konnte ich es kaum fassen.

Seither bin ich fast jährlich dort und habe die Orte besucht, die Stevenson in seinen Romanen beschrieb und mich mit dem, in den Büchern aus der Schulbücherei, nur am Rande erwähnten historischen Hintergrund dieser Geschichte befasst. Am Ende hat mich der Stoff so fasziniert, das ich selbst ein Buch schreiben wollte. Eine Zeitreisegeschichte, die erzählt wie ein Mensch sich fühlen würde, der aus dem 20. Jahrhundert in diese verworrene Zeit vor über 200 Jahren gerät und dort auf Alan Breck Stewart, James of the Glen oder Colin Campbell trifft, die es ja wirklich gegeben hat.

Folgt mir auf meine Wanderungen auf den Spuren von David Balfour und Robert Louis Stevenson.

Culloden

»Als die Clansmänner bei Culloden unterlagen und die Pferde bis über die Fesseln in bestem Nordmannsblut wateten, da musste Ardshiel wie ein gehetztes Wild über die Berge flüchten – er, seine Frau und seine Kinder. Das war ein saures Stück Arbeit für uns, bevor wir ihn endlich auf ein Schiff gebracht hatten. Und als er sich noch in der Heide versteckte, betrogen ihn die englischen Schurken, die ihm nicht ans Leder konnten, um seine Rechte. Sie raubten ihm seine Herrschaft, sie raubten ihm seine Ländereien; den Händen seiner Clansmänner entwanden sie die Waffen, die sie drei Jahrhunderte getragen hatten, ja, sie zerrten ihnen sogar die Kleider vom Leibe und nun gilt es als Verbrechen einen Kilt zu tragen, und ein Mann wandert womöglich ins Gefängnis. Doch eines konnten sie nicht ausrotten die Liebe der Clansmänner zu ihrem Oberhaupt.« »Entführt«, Robert Louis Stevenson.

Abb. 1 -Culloden Moor an einem sonnigen Frühsommertag

Stevensons Roman schickt seine Leser in die Zeit sieben Jahre nach der Niederlage der Clans auf dem Moor von Culloden. Eine Zeit der gesellschaftlichen, politischen und ökonomischen Umbrüche. Die Helden seines Buches, wie Alan Breck Stewart, James of the Glens und Colin Campbell hat es wirklich gegebenen. Der Mord, in den sie alle drei verwickelt waren, der Rote Fuchs - Colin Campbell als Mordopfer, Alan Breck und James of the Glens als Mörder und Komplize, ist bis heute ein heißumstrittenes Thema unter Historikern und Buchautoren.

Um die geschichtlichen Hintergründe deutlich zu machen, will ich in diesem ersten Kapitel ein wenig über die Ereignisse schreiben, die zu der blutigen Niederlage der Clans auf dem Moor von Culloden geführt haben und damit einen Grundbaustein für Stevensons Buch »Entführt« legten.

Viele, die Schottland lieben, sehen in den Ereignissen an jenem trüben Aprilmorgen stets den Kampf der Schotten gegen die Engländer. Sie haben zumeist Mel Gibsons Darstellung von *Braveheart*, William Wallace im Kopf und denken an heroisch kämpfende Männer in Kilts gegen böse Rotröcke!

Doch die Geschichte ist nicht so eindeutig, so schwarz - weiß. Diese letzte Schlacht auf britischen Boden war eine Kampfhandlung in einem Bürgerkrieg.

Zuerst ein wenig Geschichtsunterricht: Jakobiten oder Jakobiter (von engl. *Jacobites*, abgeleitet von James II. von England- in Latein *Jacobus*) wurden die englischen, schottischen und irischen Anhänger der im Exil lebenden Thronprätendenten aus dem Haus Stuart genannt (v. a. 1688–1766).

König James II. verspielte durch seine prokatholische Politik (1685–1688) die relativ starke politische Position der Stuarts, die ihm sein Bruder Charles II. hinterlassen hatte. Gerade die anglikanisch geprägten traditionellen Eliten Englands gingen auf Distanz zur Krone. Als darüber hinaus eine katholische Thronfolge durch einen im Juni 1688 geborenen Sohn drohte, wurde Jakob II. im Rahmen der sogenannten *Glorious Revolution* vom englischen Thron vertrieben und durch seine Tochter Maria II. und ihren Ehemann William von Oranien ersetzt.

Die Anhänger James II., die Jakobiten, opponierten zwischen 1689 und 1760 mehrfach gegen die neue Herrschaftsordnung und die protestantische Thronfolge. Sie versuchten in den 1690er Jahren James II. selbst, später dann seinem Sohn James Francis Edward Stuart (oder James III.), die Rückkehr auf den englischen Thron zu ermöglichen. Letzterer wurde daher *The Old Pretender* (der alte Prätendent) genannt, er hielt sich, wie sein Vater zunächst in Frankreich, ab 1719 aber in Italien auf.

Die katholischen Anhänger waren allerdings nur eine der zahlreichen Gruppierungen, die sich unter dem Banner der Stuarts sammelten. Die Mehrzahl der Jakobiten auf den britischen Inseln waren sogar protestantisch. Meist war es eine Mischung aus patriotischer Einstellung (in Schottland), religiöser Überzeugung *Scottish Episcopal Church* und englische *Non - Juror*, d. h. strenggläubige Anglikaner, wirtschaftlicher Not (in Schottland bzw. Nordengland) und Loyalität gegenüber den Stuarts, die Menschen ins jakobitische Lager wechseln ließ. Um einen harten Kern ideologisch überzeugter Stuartanhänger formierten sich so Jakobiten unterschiedlichster Herkunft. Dies verlieh der jakobitischen Bewegung eine gewisse Dynamik, trug aber auch dazu bei, dass militärische Planungen und die Aufstände in den Jahren 1689, 1708, 1715, 1719 und 1745 durch interne Streitigkeiten immer wieder behindert wurden. Die heterogene Zusammensetzung erklärt somit sowohl das Überleben des Jakobitismus bis in die 1750er Jahre hinein als auch die letztlich erfolglosen Versuche, den britischen Thron wieder zu erlangen.

Der Aufstand von 1745 war nicht spontan. Er kam aus zwei Gründen zustande: erstens durch die diplomatische Situation in Westeuropa und zweitens aufgrund der Persönlichkeit des jungen Charles Edward Stuart, Bonnie Prince Charlie. Der erste Sohn von James Francis Edward Stewart und der polnischen Prinzessin Maria Clementina Sobieski wurde 1720 in Rom geboren und sprach fließend Latein, Italienisch, Französisch, Englisch und Gälisch. Aus Frankreich kommend, hisste er am 19. August 1745, wenige Tage nach seiner Landung bei Glenfinnan, im Zeichen der Rebellion seine Standarte.

Zuerst folgten ihm nur wenige Clans. Die meisten, unter ihnen die MacLeods und MacDonalds aus Skye verweigerten sich ihm wortwörtlich. Sie hielten diesen Aufstand für absoluten Irrsinn und waren nicht bereit das Leben ihrer Männer und ihren Besitz für einen Mann aufs Spiel zu setzten, der nie einen Fuß in die Highlands gesetzt hatte.

Zuerst schlossen sich ihnen die Mac Donalds of Keppoch und Clanranald und die MacDonnells of Glengarry an, wilde verwegene Chiefs und in den Augen der Briten nichts als Mörder und Diebe.

Das änderte sich jedoch, als sich dem Prinzen, der wohl berühmteste Clanchief anschloss, Donald Cameron of Lochiel, ein Chief, der die Zeichen der Zeit verstanden hatte und als modern galt. Er war zuerst auch skeptisch und ablehnend, doch Charles Edward Stuart konnte ihn überreden.

In Appin, der Heimat der Appiner Stewarts, war Bonnie Charlie zuerst auch nicht erfolgreich. Dougal der Chief der Appiner Stewarts wollte sich ihm nicht anschließen. Er liebte das gute, luxuriöse Leben in Edinburgh zu sehr, um es für eine fixe Idee zu riskieren.

Doch seine Untergebenen, die Lairds der verschiedenen Satelliten Familien, waren anderer Meinung. Unter Führung von Charles Stewart of Ardshiel brachten auch sie ihre Männer unter die Fahne des Prinzen.

Mit etwa 3000 Hochländern verschiedener Clans marschierte er auf Edinburgh zu und konnte die Stadt – nicht jedoch die Burg – am 17. September 1745 ohne nennenswerten Widerstand einnehmen. Die Garnison floh überstürzt. Die zur Rückeroberung Edinburghs anrückenden Regierungstruppen unter Sir John Cope wurden von Charles' Hochländern am 21. September in der Schlacht bei Prestonpans vernichtend geschlagen.

Abb. 2 -Hollyrood House Edinburgh

Hier standen sich Schotten und Hochländer in feindlichen Lagern gegenüber. Unter ihnen war Allan Breck, der als Soldat bei den Rotröcken diente und nach der Schlacht, die er nur mit großem Glück überlebte, die Seiten wechselte. Er hatte an diesem Tag seinem Ziehvater James of the Glen gegenübergestanden.

Nennenswerten Widerstand gab es danach in Schottland nicht mehr, lediglich die Festungen von Edinburgh und Stirling wurden von Regierungstruppen gehalten. Gut sechs Wochen lang residierte der Prinz im Palast von Holyrood House und gab dort auch einen großen Ball, auf dem er, so heißt es, die Damen nur so verzaubert habe. Doch die Kontrolle über Schottland reichte ihm nicht aus. Mit seiner auf 5000 Mann angewachsenen Hochlandarmee marschiert Charles Edward bald danach in England ein, wo er sich Zulauf von den englischen und irischen Jakobiten erhoffte. Diese Erwartung aber wurde enttäuscht. Die englische Seite war vorsichtiger. In zügigen Aktionen wurden jedoch die Städte Lancaster und Manchester eingenommen. Im Dezember stand er vor Derby, nur knappe 150 km von dem völlig unvorbereiteten London entfernt. Das schnelle Vordringen der Jakobitenarmee löste bei Hof und in der Stadt Panik aus. König Georg II. wurde neben der Jakobitenarmee auch noch fälschlicherweise die Landung von 10.000 Soldaten aus Frankreich an der englischen Südküste angekündigt.

Genau zu diesem Zeitpunkt beging jedoch - so zumindest behauptet die jakobitische Mythologie - Charles den strategisch entscheidenden Fehler. Anstatt weiter auf das völlig überraschte London vorzurücken, wurde er von seinen Offizieren zum Rückzug nach Schottland gezwungen, um dort die Truppen erneut aufzubauen. Jetzt erst schickte die Regierung den Sohn König Georgs II. – William Augustus, Duke of Cumberland – hinter ihm her. Von da an war die Sache der Stuarts verloren. Die jakobitische Armee schlug in der Schlacht bei Falkirk am 17. Januar 1746 noch einmal britische Truppen unter Generalleutnant Henry Hawley, zog sich aber bis hinauf nach Inverness zurück.

Am 16. April 1746 wurde diese erschöpfte, hungernde und schlecht ausgerüstete Armee von knapp 5.000 Mann vor den Toren der Stadt in der Schlacht bei Culloden vernichtend geschlagen. Ihr stand eine gut ausgerüstete, disziplinierte und trainierte Armee in Stärke von 9.000 Mann unter dem Kommando von Cumberland gegenüber. Cumberland hatte nie zuvor eine Schlacht gewonnen. Mit seiner fast doppelten Übermacht der regulären Armee und zusätzlich ausgehobenen Truppen, unter besserer und stärkerer Bewaffnung, brauchte er aber nur knapp 25

Minuten, um die Clanarmee zu vernichten, und er kannte dabei keine Gnade. In England wurde Cumberland nach seinem Sieg in Culloden als großer Retter gefeiert. In Schottland schimpfte man ihn fortan nicht ohne Grund den »Schlächter«.

Der Prinz entkam und irrte auf seiner Flucht fünf Monate lang kreuz und quer durch das Hochland und über die Inseln. Nach allem, was die Menschen des Hochlands mit ihm und durch ihn erlitten hatten und trotz der unglaublichen Belohnung von £30.000, die auf seinen Kopf ausgesetzt war, halfen sie ihm während dieser Flucht. Sie waren dem alten Königshaus noch immer treu ergeben. Er wurde versteckt und entkam mithilfe der im Hochland auch heute noch als Heldin gefeierten Flora MacDonald in Frauenkleidern. Als Zofe *Betty Burke* verkleidet, ruderte er zusammen mit Flora in einer höchst abenteuerlichen Fahrt über das Meer zu der Insel Skye.

Am 20. September 1746 schaffte Bonnie Prince Charlie es endlich, sich heimlich, im Gebiet von Moidart, wo seine Expedition etwas über ein Jahr zuvor begonnen hatte, einzuschiffen und nach Frankreich zu segeln. Die Menschen, die ihm geholfen hatten und an ihn glaubten, ließ er zurück – um sie »kümmerten« sich, in berüchtigt brutaler Manier, Cumberland und die Regierungsarmee. Charles Edward Stuart ging zurück auf den Kontinent und irrte die nächsten 15 Jahre kreuz und quer durch Europa. Zwar bemühte er sich an zahlreichen Höfen, weitere Unterstützung für die jakobitische Sache zu erhalten, aber sein zunehmender Alkoholismus und die gefestigte Position Großbritanniens erschwerten jede diplomatische Initiative und ließen auch die Anzahl der eigenen Anhänger deutlich schrumpfen.

Die britische Regierung reagierte auf den Aufstand von 1745 entschieden und mit drakonischen Maßnahmen. Die am Aufstand beteiligten Clanchiefs und oft auch die Clanmitglieder mussten ins Ausland fliehen oder wurden nach Schauprozessen hingerichtet. Im Disarming Act von 1747 wurde den Hochländern das Tragen von Waffen und ihrer traditionellen Hochlandkleidung verboten. Ein Großteil des alten gälischen Kulturgutes versiegte für immer. Die Wirtschafts- und Sozialstruktur im Hochland wurde drastisch geändert. Was blieb, war die romantische Erinnerung an den letzten Stuart – Bonnie Prince Charlie.[i]

Der Wald von Lettermore 14. Mai 1752

›Aber eben, als er sich umdrehte, krachte von weiter oberhalb ein Schuß und mit seinem Knallen stürzte Glenure zu Boden.»Oh, ich sterbe!«, rief er mehrmals hintereinander.‹ »Entführt« Robert Louis Stevenson.

Abb. 3 - Waldgebiet in der Nähe von Ballachulish

Und das geschah, laut der Gerichtsakten des Prozesses gegen James Stewart, wirklich an diesem 14. Mai 1752, gegen fünf Uhr abends.
Es war ein friedlicher Frühsommertag. Eine Gruppe Männer war in einem Waldstück am südlichen Ufer des Loch Linnhe unterwegs, der sich hier zum Loch Leven hin verengte. Sie waren zu viert, drei von ihnen zu Pferde, der Vierte zu Fuß.
Sie hatten gerade mit einer Fähre, einem kleinen Ruderboot, die Meerenge nahe bei dem Ort Ballachulish überquert. Der Fährmann Archibald Mac Innes hatte sie herübergebracht und zweimal hin und zurück rudern müssen, um zuerst die Pferde und dann die Männer herüberzubringen. Eine nicht ungefährliche Angelegenheit, denn die Meerenge war durch ihre Gezeitenströmung tückisch. Doch Mac Innes, der einäugige Fährmann beherrschte sein Handwerk, genauso wie man ihm das Zweite Gesicht nachsagte.

So verwunderte es keinen der Mitreisenden, als er einen gutgekleideten Mann, der um die vierzig sein mochte und dessen rotes Haar in der Sonne auffällig leuchtete, beiseite nahm und mit ihm sprach.
»Nehmt nicht den Weg durch den Wald von Lettermore Glenure, geht einen anderen über Laroch. Es wäre besser für Euch und Eure Gesundheit!«, warnte der Fährmann.
Doch Colin Campbell of Glenure winkte ab. Seit er sich auf dem Südufer befand, fühlte er sich sicher, war er heraus aus dem Land seiner Mutter, die eine Cameron war. Den ganzen Weg von Fort William nach Callert hatte er das Gefühl gehabt, als ob ein Gewehrlauf auf seinen Rücken gerichtet sei und der kalte Schweiß war ihm ausgebrochen vor Angst. Auch war ihm nicht verborgen geblieben, dass sein treuer Diener der achtzehnjährige John MacKenzie sich immer wieder zwischen ihn und das Gebüsch am Wegesrand gebracht hatte, um ihn vor den tödlichen Schüssen zu bewahren.
Colin Campbell war der königliche Verwalter, des nach dem Jakobitenaufstand 1745/46 an die Krone gefallenen Besitzes der Camerons in Mamore und Callert und dem von Charles Stewart of Ardshiel in Appin, einem der Rädelsführer. Er wurde von den Leuten üblicherweise *Cailin Ruaidh* genannt, der rote Colin, wegen seines Haares.
Seine Aufgabe war das Einsammeln der Pachten und die alljährliche Neuaufteilung des Pachtlandes, das oft genug die Vertreibung der vorherigen Pächter zur Folge hatte, was aber keineswegs unüblich war.
In Appin, dem Gebiet, das einst Charles Stewart gehörte, war das bisher gutgegangen, aber in Mamore standen ihm die Leute offen feindlich gegenüber, sodass er schon darüber nachgedacht hatte, dem Vorschlag des Kommandanten von Fort William zu folgen, der ihm eine Eskorte Soldaten zum Schutz angeboten hatte.
Doch Colin verlegte sich lieber darauf, Recht und Gesetz seiner Majestät König Georg II. mit legalen Mitteln durchzusetzen, deshalb begleitet ihn auch sein Neffe Mungo Campbell, ein junger Rechtsanwalt aus Edinburgh und ein Vertreter des Sheriffs, Donald Kennedy.
Dennoch war das ganze Gebiet in Aufruhr, denn die Tatsache, dass Glenure begonnen hatte, Stewart Besitz an Freunde und Familienangehörige zu verpachten, sorgte für böses Blut. Es waren einige Vertreibungen geplant in Appin und die Betroffenen sahen das als eine Willkürmaßnahme an. Ärger und Wut machten sich breit. Es war nicht gut gelaufen in Callert

und Mamore, aber die Konfrontation mit den nächsten Pächtern war erst in 24 Stunden fällig.

Als der kleine Trupp am Ufer des Loch Linnhe entlang ging, trafen sie einen älteren Herrn, der Colin Campbell freundlich grüßte. Es war der alte Laird von Ballachulish, Alexander Stewart, ein Veteran, der bereits während zweier Stuart-Rebellionen gekämpft hatte. Etwas, was ihn aber nicht davon abhielt Colin Campbell freundlich zu begrüßen und diesen, ein Gespräch mit dem Laird anzufangen. Glenure war von Pferd abgestiegen, während die anderen vorausritten, um ihn Ruhe und respektvoll mit Alexander Stewart zu plaudern, wobei sie beide allerdings vermieden, die bevorstehenden Enteignungen in Appin zu erwähnen. Der alte Herr begleitete sie ein Stück den schmalen Reitweg entlang, bis dieser in den Wald von Lettermore mündete.

Donald Kennedy, der ebenfalls zu Fuß ging, hatte wegen der Wärme des Tages seinen Mantel ausgezogen und ihn dem jungen MacKenzie gegeben, der ihn über den Sattel von Glenures Pferd gehängt hatte.

Schließlich bemerkte Alexander Stewart, dass er zu Boden gefallen war, und machte den Diener darauf aufmerksam, der nun zurücklief, um ihn wieder aufzusammeln.

Colin Campbell verabschiedete sich schließlich freundlich von dem alten Herrn, als der Weg beschwerlicher wurde.

Als der kleine Trupp nun dem Wald von Lettermore erreichte, waren sie weit auseinandergezogen. Zuerst ritt nun Kennedy, dann Glenure und sein Neffe Mungo, der junge MacKenzie war etwas zurückgefallen. Keiner dachte im Geringsten, dass hier irgendeine Gefahr lauern konnte. Die Sonne schien, in den Bäumen und Büschen des Waldes lärmten die Vögel. Man konnte den blau schimmernden Spiegel der Meeresbucht unter ihnen durch das Grün schillern sehen.

Über ihnen, in den klaren Frühsommer Himmel reckten sich die Zwillingsgipfel den Ben a Bhethir. Zwischen den Büschen am Wegesrand blühten verschwenderisch Hasenglocken und wilde Primeln, und der Farn begann seine Blätter auszurollen.

Schwer zu sagen, ob Colin Campbell oder sein Neffe das alles wirklich sahen. Sie ritten nebeneinander und unterhielten sich angespannt, was sie wohl erwarten würde am kommenden Tag. Vielleicht trifteten ihre Gedanken auch schon voraus zum Gasthof in Kentallen, wo ein gutes Abendbrot und ein kräftiger Schluck auf sie warteten.

Doch schließlich wurde der Weg schwieriger und enger, schraubte sich weiter den Hügel hinauf, über ihnen ein steiler felsiger Überhang voller Büsche und Bäume, die sich vom Wind zerzaust hier festklammerten.

Mungo Campbell ritt nun voraus und sein Onkel folgte ihm in etwas größerem Abstand.

Plötzlich zerriss der Knall eines Schusses die friedliche Stille des Frühsommerabends. Glenure sackte im Sattel zusammen.

»Oh, ich bin tot ... er wird Euch auch erschießen, passt auf Euch auf ...«, oder ähnliche Worte rief er aus.

Mungo Campbell riss sein Pferd herum und eilte zu seinem Onkel, um ihm aus dem Sattel zu helfen.

Abb. 4 - Blick von der Stelle an der der Mörder saß

Nur ein Schuss war gefallen, doch der königliche Verwalter blutete aus zwei Wunden. Die Kugeln waren in seinen Rücken eingedrungen und am Bauch wieder ausgetreten.
Immer wieder verlor Colin Campbell das Bewusstsein und sein von tödlicher Furcht erfasster Neffe konnte ihm nicht helfen.
Auch die anderen Weggenossen kamen zu ihnen geeilt, sich duckend, da sie weiter Schüsse erwarteten. Doch nichts geschah.
Schließlich schickte der junge Anwalt Glenures Diener John MacKenzie mit ihrem besten Pferd in Richtung Kentallen, um Hilfe zu holen.
Sie standen alle unter Schock, was am Ende auch zu der widersprüchlichen Aussage Mungos führte, er hätte einen Mann am Berghang gesehen, in dunkler Kleidung, eine Waffe in der Hand. Allerdings sei dieser zu weit entfernt gewesen, um als Schütze infrage zu kommen. Außerdem konnte er sich nicht erinnern, zu welchem Zeitpunkt er den Hang ein Stück hinaufgelaufen war, bevor der seinem Onkel vom Pferd geholfen hatte oder danach. Weder Kennedy noch MacKenzie hatten irgendetwas oder irgendjemanden gesehen.
Die Stelle im Wald von Lettermore war ein idealer Hinterhalt, der dem Schützen alle Vorzüge für einen perfekten Schuss geliefert hatte. Genug Deckung, einen sicheren Halt beim Schuss und einen schnellen, von keinem bemerkten Rückzug nach der Tat.
Sicher waren die Verschwörer dieses Mordkomplottes nicht darauf vorbereitete, was dieser Schuss an einem sonnigen Abend, gegen halb fünf Uhr abends, an einem einsamen Berghang in Appin auslösen würde.
Was als ein simpler Racheakt unter Clans begann, versetzte eine ganze Nation in Schock. Der König brach seinen Urlaub ab, weil man das Ganze als Signal zu einem weiteren Aufstand der Jakobiten sah. Einer der größten Menschenjagden in der Geschichte Großbritanniens wurde ausgerufen und ein Kriminalfall geboren, den selbst Agatha Christie oder Arthur Canon Doyle nicht hätten erfinden können.
Bis zum heutigen Tage streiten sich Experten und Hobbyhistoriker darum, wer den fatalen Schuss abgefeuert hat.
Es geht das Gerücht, das die führenden Köpfe der Stewarts of Appin den Namen von Generation zu Generation weiterreichen. Doch keiner hat dieses Geheimnis je preisgegeben.

Abb. 5 – Memorail Cairn im Wald von Lettermore

Die Entstehung von »Entführt, die Abenteuer des David Balfour«

›Dies ist kein Band für eine Gelehrtenbibliothek, sondern ein Buch für Winterabende im Schulzimmer, wenn die Aufgaben gemacht sind und die Schlafenszeit näher rückt; und der aufrichtige Alan, der seinerzeit ein grimmiger Raufbold war, hegt in dieser neuen Gestalt keine üblere Absicht als solche, die Aufmerksamkeit eines jungen Herren von seinem Ovid abzuziehen, ihn auf eine Weile ins Hochland und in das vergangene Jahrhundert zu entführen, um ihn dann mit reizvollen Vorstellungen, die Eingang in seinen Träume finden, ins Bett zu schicken.‹ »Entführt«, Robert Louis Stevenson.

Abb. 6 - Robert Louis Stevenson

Die Inspiration zu einem Roman kommt nicht immer wie ein Blitz aus heiterem Himmel, oftmals muss eine Idee wachsen, vertieft man sich in einen Stoff und findet heraus, dass sich daraus eine gute Geschichte spinnen lässt.

Zu den Zeiten, in denen Stevenson lebte, fand sich so etwas in Bibliotheken. Oftmals auch auf der Straße oder in den Pubs von Edinburgh, oder an noch verruchteren Orten, in denen sich der Schriftsteller aufhielt, während er in Edinburgh studierte. Die Inspiration für Catriona, die große Liebe David Balfours in der Fortsetzung von ›Entführt‹, war zum Beispiel eine junge Prostituierte, die Stevenson kannte.

Heutzutage bekommt man seine Informationen eher im Internet, was eine reichhaltige Fundgrube sein kann, besonders wenn man über Themen schreiben will, dessen Quellen man nicht unbedingt in der örtlichen Bibliothek findet. Ich bin da auch auf einiges gestoßen, das mir viel geholfen hat und der Zufall spielte eine Rolle. So sicher auch bei Robert Louis Stevenson.

Als Stevenson 1880 aus den Vereinigten Staaten zurückkam, wollte er ein Buch über die Geschichte der Highlands schreiben, eher ein wissenschaftliches Werk, als einen Roman. Das war nicht nur ein Projekt, das ihn als seriösen Schriftsteller etablieren sollte, sondern es würde ihm auch die Gelegenheit geben in ein Gebiet Schottlands zu kommen, das ihn schon immer fasziniert hatte. Es war ein Weg ihm die finanzielle Unabhängigkeit zu geben, die er brauchte, um nicht weiter von seinem Vater abhängig zu sein. Er hatte sich zu diesem Zeitpunkt für eine Professur für Geschichte und Staatsrecht an der Universität Edinburgh beworben. Aber er wurde nicht einmal zu einem Vorstellungsgespräch eingeladen.

Er war mit seinem Vater im Norden unterwegs, die »Geschichte der Highlands« immer im Hinterkopf. Auf dem Heimweg hielten sie in Inverness an, wo Thomas Stevenson seinem Sohn die Kopie eines Gerichtsprozesses, aus der Zeit kurz nach dem Aufstand der Jakobiten im Jahr 1745/46 kaufte. Das schien für ihn exakt das Buch zu sein, welches sein Sohn brauchte, um über die Geschichte der Highlands zu schreiben.

Das unscheinbare, kleine Buch, das Stevenson in der Hand hielt, war betitelt mit: »*Der Prozess gegen James Stewart*«. Der Schriftsatz auf dem braunen Lederrücken war altmodisch gesetzt, mit verschnörkelten goldgefassten Buchstaben.

Auf der Titelseite las Stevenson Folgendes:

Der Prozess gegen James Stewart aus Aucharn in Duror, Appin, wegen des Mordes an Colin Campbell of Glenure, Esquire; Verwalter seiner Majestät für den beschlagnahmten Besitz von Ardshiel; vor dem Gerichtshof, gehalten in Inveraray am Donnerstag, den 21, Freitag, den 22, Samstag, den 23 und Montag, den 25 September, von seiner Hoheit, den Duke of Argyll, Lord General Staatsanwalt und den Lords Elchies und Kilkerran, Justizministerium.

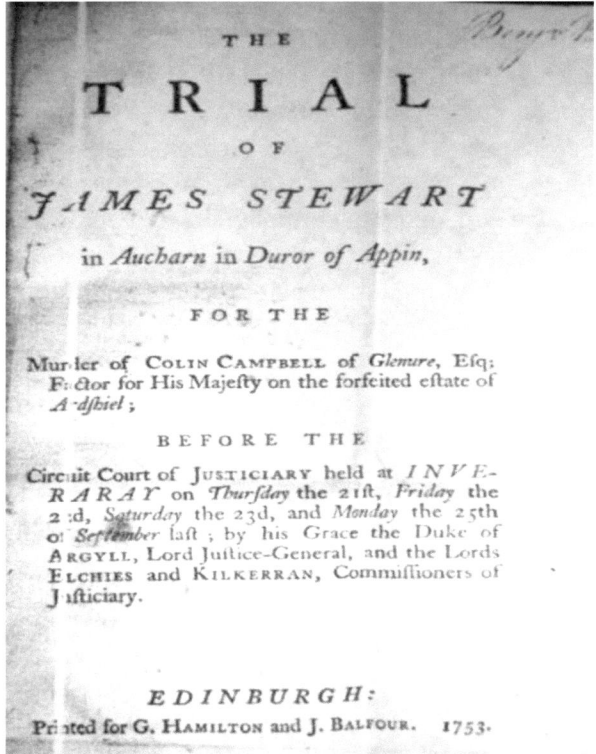

Abb. 7 - Titelseite des Buches, das Stevenson von seinem Vater bekam

Das Wort »*Prozess*« stand in Großbuchstaben auf einer Linie und auch »James Stewart«, nur schräg gestellt. Der Buchstabe »s« sah wie ein »f« aus und am Ende der Seite stand in kleinen Buchstaben: »*Edinburgh, gedruckt für G. Hamilton und J. Balfour, 1753*«.

Auf der Vorderseite war eine gefaltete Karte, und als er sie öffnete, machte Stevensons Herz einen Satz. Er liebte Karten! Seit seiner Kindheit hatte er immer wieder selbst Karten gezeichnet, Abenteuer darum herum erfunden, seltsamen Namen und teilweise Skizzen von den Plätzen und Szenen. Hier war eine Karte, die all das ebenfalls enthielt, und seine Fantasie begann sofort zu arbeiten.

Die Karte zeigte Berggebiete, Bäche, Flüsse, einen großen Meeresarm und kleinere Seen. Orte waren markierte, mit exotisch klingenden hochländischen Namen versehen, wie *Ballachulish* und *Corrynakeich*, *Carnoch*, *Auchindarrach* und *Aucharn*. Diese waren alle eng und klein gedruckt, aber was noch aufregender war, die Karte war überschrieben mit Tinte, in einer kleinen engen, gut leserlichen Handschrift. Sie war verschnörkelt und Stevenson bemerkte, dass bei der Konzentration auf das saubere Schreiben, die richtige Schreibweise Schaden nahm. Besonders der Name Appin litt darunter. Appin war der Name des Gebietes, aber wie nun, Appin oder Appine, fragte sich der Autor. Er fand beide Schreibweisen auf der Karte.

In der oberen Ecke sagte deutlich eine Notiz: › *eine Karte des Landes Appine und seiner Nachbarschaft für den Prozess gegen James Stewart.* ‹

An der gegenüberliegenden linken oberen Seite waren sechs Zahlen, vertikal geschrieben und Notizen hinter jeder.

Hinter der Nummer eins stand: ›*Das Haus James Stewarts, des Angeklagten oder Gefangenen.*‹

Stevenson las die Aufzählung weiter: ›*Der Platz an dem man Glenure erm.*‹ war da unter Nummer vier zu lesen, das letzte Wort war abgekürzt aus Platzmangel. Dann bei Nummer sechs: ›*Der Platz an dem sich Breck Stewart verst. nach dem Mord*‹ erneut zusammengedrängt und gekürzt, weil die Notiz Gefahr lief, in den Loch Leven zu fließen.

Stevenson war wie in Trance. Wer war der arme Colin Campbell of Glenure wirklich, der ermordete Mann? Wie war er als Person? Und James Stewart, der Angeklagte oder Gefangene? War er unschuldig oder bis über beide Ohren verstrickt in der Mittäterschaft? Klar war, dass er nicht den Schuss abfeuerte. Und Breck Stewart musste sicher Allan Breck sein? Als Stevenson durch das Buch blätterte, begann er für sich selbst die Charaktere ins Leben zu rufen und die Geschehnisse in Farbe und Ton zu sehen.

Hier lag die offizielle Akte des Prozesses vor ihm. Die Anklagepunkte, die Zeugenaussagen und auch die 102 Namen der Zeugen für den Angeklagten. Die Ansprachen der Anklage und der Verteidigung, die Urteilsverkündung, James Stewarts Reaktion darauf und auch seine Vergebung für die, die falsch gegen ihn aussagten. Einfach alles! Als er las, konnte Stevenson förmlich ihre Stimmen hören – und das Geräusch von James Körper, der am Galgen baumelte.

Jahre später, in einem Brief an den Essayisten und Kunst Kritiker Sir Sidney Colvin, als darum ging die Schreibweise von Simon Fraser, dem Untersuchungsrichter der Krone zu klären, schrieb Stevenson: *Ich stimme ihnen zu in Bezug auf Simon. Aber es ist Symon, in dem kleinen gesegneten Buch, das mir mein Vater in Inverness im Jahre 81 kaufte, dieses Prozesses gegen James Stewart, mit den jakobitischen Pamphlets und der letzten Ansprache des Verurteilten im Anhang – aus dem sich die ganze Geschichte um Davie heraus entwickelt hat und der ich aus einem Gefühl der Loyalität folgen muss. Ich wünschte mir wirklich, ich hätte es in Samt und Gold gebunden ..., und das Beste daran ist, dass der Name von David Balfour nirgendwo darin zu finden ist: Es ist schon eine seltsame Sache, die Geburt eines Romans ...*

Stevensons Mutter hatte da eine andere Geschichte über die Entstehung von »Entführt« zu erzählen, doch Fakt ist, dass »*Der Prozess gegen James Stewart*« einen gewaltigen Eindruck auf Robert Louis Stevenson gemacht hatte.

David Balfour aber, der Name seines Helden in »Entführt«, kam von ihr. Er war der Sohn eines Pfarrhauses, dessen Zuhause tief in den Hügeln der Borders, der Grenzregion zu England lag, eine Herkunft, die ihn nicht auf die kommenden Abenteuer vorbereitete.

Wie andere Schriftsteller vor ihm, arbeitet Stevenson mit dem Trick, Unschuldige in seltsame, aussichtslose Situationen zu bringen, in die Rolle des kindlichen Erzählers zu schlüpfen und mit seinen Lesern die beängstigenden Erfahrungen zu teilen.

Stevenson nahm den Namen Balfour von seiner Mutter, es war ihr Mädchenname. Auch sie war eine Pfarrerstochter und sein größter Verehrer.

Aber mit dem Buch über den Prozess gegen James Stewart in der Hand, setzte sich Stevenson nicht sofort an den Schreibtisch und begann zu schreiben. Situationen, Bilder und Charaktere flüsterten unbewusst über

Jahre zu ihm und der Schriftsteller in ihm speicherte sie, um es modern auszudrücken. Gespeicherte Gedanken, die den Weg auf ein Blatt Papier finden würden.

Stevenson hatte Recht studiert, aber war nie selbst vor Gericht aufgetreten, doch sein Studium ließ ihn den Prozess gegen James Stewart aus einem anderen Blickwinkel sehen, aus dem des Anwaltes. Die beschämende Behandlung James machte ihn betroffen und wütend. Vom Moment an, an dem er verhaftet wurde, wurde ihm von den Verantwortlichen alles verweigert, der Zugang zu einer legalen Verteidigung genauso, wie zu seiner Familie. Etwas, was nicht einmal im 18. Jahrhundert üblich war.

Abb. 8- Gedenkstein auf dem Moor von Culloden

Clan Revanche und die Rachsucht der Regierung verletzten Stevensons Sinn für Gerechtigkeit zu tiefst. Das Hängen von James Stewart, dem stimmte Stevenson zu, hatte reichlich wenig mit Gerechtigkeit zu tun, obwohl der Gerichtsprozess im Namen der Gerechtigkeit geführt worden war. In der Einleitung von »Entführt« machte Stevenson auch klar, dass er an die Unschuld Allan Brecks glaubte.

Selbst zu Stevensons Zeiten gab es noch heiße Diskussionen über den Fall. Das Hängen von James Stewart wurde von der einen Seite als Missbrauch des Rechts gesehen, als Justizmord. Die Gegenpartei meinte, dass er es als Jakobit nicht anders verdient hätte.

Wer den mysteriösen Schuss abfeuerte, erhitzte die Gemüter noch immer, Clanoberhäupter diskutierten darüber, Historiker und einfache Leute fielen ein, Artikel und Briefe häuften sich.

1881 hatte die Idee »Entführt« zu schreiben allmählich Gestalt angenommen und Stevenson bereiste 1882 mit seinem Vater erneut die Highlands, um vor Ort in Appin die Plätze zu besuchen, die in dem Buch über den Prozess erwähnt worden.

Von Anfang an wollte Stevenson einen Roman schreiben, der nicht nur geographisch gesehen korrekt war, sonder einen raren Einblick in die Situation in den Highlands, sechs Jahre nach der Niederlage der Clans in Culloden geben sollte.

Auch wenn seine Fiktion hier, und da einmal die überhand gewinnt, um die Geschichte vorwärts zu bringen, ist sie doch historisch akkurat, bis auf die Tatsache, dass Stevenson sie ein Jahr vordatiert und alles schon 1751 geschehen lässt. [ii]

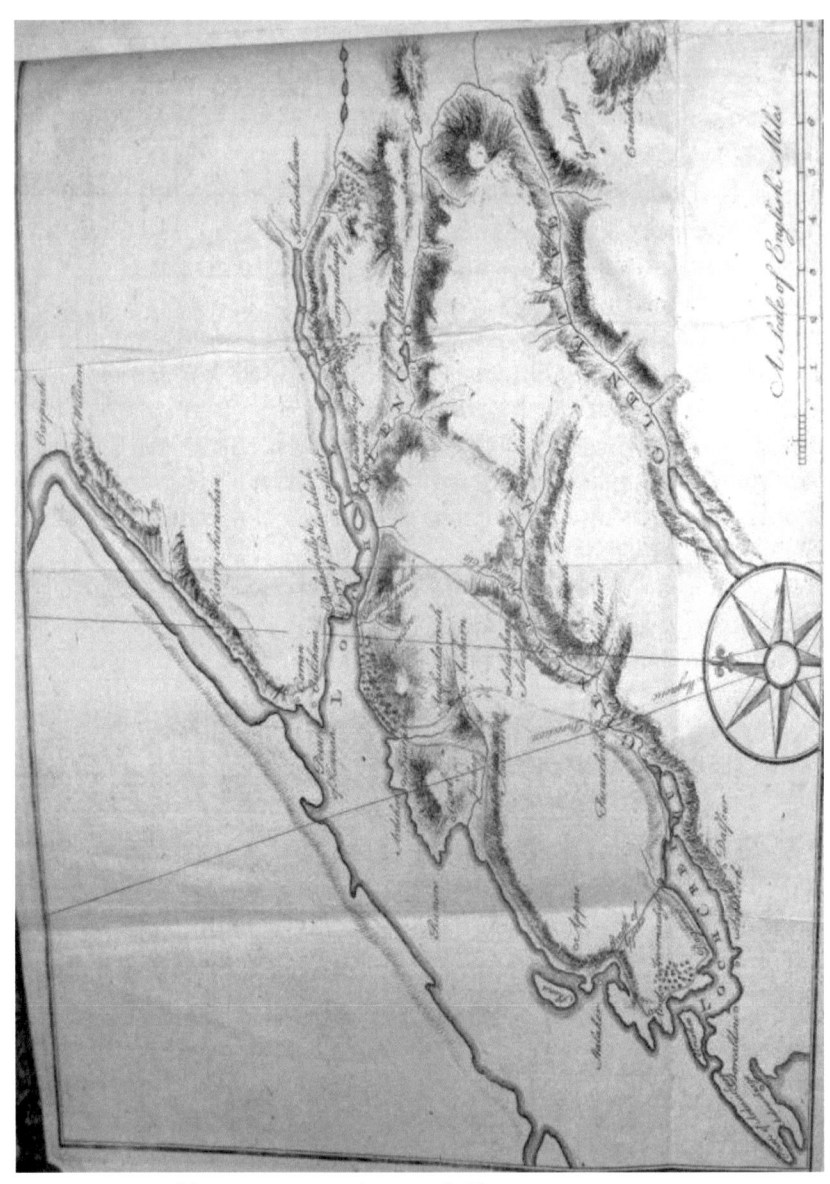

Abb. 9: Karte aus dem Buch über James Prozess

Earraid und Mull

›Das Riff, auf das wir aufgelaufen waren, lag nahe der Südwestspitze von Mull, unweit der kleinen Insel Erraid, die jetzt flach und schwarz an der Backbordseite auftauchte.‹ »Entführt«, Robert Louis Stevenson.

Abb. 10 - Während meines ersten Besuches auf Mull 1992. Die Wolken hängen tief

Stevenson lässt seinen Helden an der Südspitze Mulls, dem sogenannten Ross of Mull stranden und auch ich beginne hier meine Reise auf seinen Spuren.

1992, bei meiner ersten Tour nach Schottland bin ich bei einem Tagesausflug in Richtung Oban und Mull, nur bis Pennyghael gekommen und das nur, unter großen Schwierigkeiten. Von Mull habe ich nicht viel gesehen, denn es goss wie aus Kannen. Die Wolken hingen auf den Bergen und Ben More konnte man nicht einmal erahnen.

Ein Jahr später war ich auch nicht erfolgreicher. Das Wetter war genauso schlecht und wir kamen bei einem kleinen Bootsausflug nur bis Duart Castle, dem Sitz der Macleans. Hier liefen wir dem jetzigen Besitzer über den Weg, der einfach so mit seinem Ruderboot herumgondelte und dann in den *Tearoom* kam. Ich erkannte ihn da allerdings nicht sofort, sondern

erst, als wir das Schloss, in dem Sean Connery »Verhängnisvolle Falle« Jahre später drehte, besichtigten und ich dort die Familienfotos sah.
Erst im Oktober 2004 lernte ich Mull wirklich kennen und lieben. Fast eine Woche verbrachte ich auf Iona, als Startpunkt für meine Expedition auf Robert Louis Stevensons Spuren.
An einem etwas trübseligen Herbsttag machte ich mich dann zu Fuß auf den Weg von Fionnphort zum Sound of Erraid.
Ich hatte schon immer Probleme Karten zu lesen oder besser die Entfernungen richtig zu deuten. So erschien der Weg unendlich lang, zumal ich gehandicapt war. Ich hatte mir das Knie angeschlagen, als ich am Fähranleger in Fionnphort, etwas unsanft aus dem Bus fiel. Eine äußerst peinliche Angelegenheit, bei der ich um ein Haar in den Hummerkörben am Pier landete.
Ich hatte Erraid von Iona aus gesehen, doch in Fidden angelangt, einer Farm und einem Campingplatz, sah ich die Insel aus der Nähe und wunderte mich damals über die Gebäude darauf. Erst später erfuhr ich, dass dies die ehemaligen Häuser des Leuchtturmwärters waren und jetzt der Findhorn Community gehörten.
Erraid ist zwar von hier zum Greifen nah, aber nicht einmal bei Ebbe kommt man hinüber. Der Sound of Erraid, den David Balfour nach qualvollen Tagen in Regen und Kälte und halbverhungert, dann endlich überqueren konnte, lag noch ein Stück entfernt. Erst hinter der Farm Knockvologan kommt man auf einem kleinen Weg dorthin.
Ich hatte Glück und es war Ebbe. Fasziniert stand ich auf dem Sandstreifen, der Mull von der Insel trennte. Rechter Hand konnte ich Wasser sehen und auch linker Hand in der Ferne. Ein schmales Rinnsal trennte mich von Erraid, dass ich schließlich betrat. Allerdings wagte ich nicht sehr lange zu bleiben oder mich umzusehen, da ich fürchtete, von der Flut überrascht zu werden.
Auf dem Rückweg lief ich noch einem Mann über den Weg, der in Richtung Erraid ging und der mich auf die Seehunde aufmerksam machte, die uns im flachen Wasser musterten.
Ich beobachtete sie eine Weile, dann sah ich mich um, krampfhaft überlegend, wo ich die Helden meines Romans, Andrea Schwarz und Neil Sutherland mit ihrem kleinen Flugzeug landen lassen konnte.
Der Sound of Erraid war natürlich bei Ebbe ideal, doch ich fand ein Stück weiter eine bessere Stelle. Eine kleine Bucht mit einem Sandstrand, der

jeder karibischen Insel trotzen konnte, eine sanfte Düne darüber und ein kleines Tal mit einem Bach.

Das war mein erster Eindruck von Erraid und Mull, besonders nach dem ich querfeldein gewandert war und feststellen musste, dass David Balfour und auch meine Heldin, große Probleme mit dem unebenen Gelände hier gehabt haben mussten. Das Ross of Mull ist relativ flach, ein paar Hügel, vor allen Dingen aus Granit, ein wahrer Steingarten aus Eiszeithinterlassenschaften und Moor. Dazwischen ducken sich Bäume, die mehr Büschen ähneln. Selbst Eichen und Birken haben den Wuchs von verkrüppelten Bonsaibäumen und die Heide ist völlig flach, vom Wind und den wilden Atlantikstürmen zu Boden gedrückt. Ich selbst hatte zu dem Zeitpunkt noch keinen Sturm erlebt, erst drei Jahre später sammelte ich meine Erfahrungen damit auf Berneray im Juni 2006.

Abb. 11 - Sound of Erraid bei Ebbe

Jene, die versuchen Künstler zu sein, nutzen von Zeit zu Zeit den Inhalt ihres Gedächtnisses, errichten und verändern kleine bunte Erinnerungen an Menschen und Szenarien, takeln (möglicherweise) gute Freunde zu Seeräubern auf, und verfügen Armeen zum Manöver oder Morde, die verübt werden, auf den Spielplatz ihrer Jugend. Erinnerungen sind ein erstaunliches Geschenk, das sich durch vieles Benutzen nicht erschöpft. Nach einem Dutzend Anwendungen in verschiedenen Geschichten, strah-

len die kleinen sonnenbeschienenen Bilder der Vergangenheit, erscheinen sie vor dem inneren Auge nicht ein Stückchen entstellt, nicht um eine Schattierung beeinträchtigt.»Glück und Unglück wird Gesang«, wie Goethe es so schön sagte. Selbst nach endlosen Offenbarungen bleibt das Original, wie es ist.

Sodass ein Schriftsteller, sich manchmal wundert über die Unzerstörbarkeit dieser Eindrücke, manchmal sogar denkt, dass er sie schlechter macht, wenn er sie mit Fiktion verwebt. Und wenn er zurückblickt auf sie, in wachsender Güte, um sie zuletzt als handfeste, strahlende Juwelen zu sehen.

Ein oder zwei von diesen schönen Erscheinungen habe ich ersonnen. Ich habe sie hin und wieder benutzt; ein kleines, verstecktes Eiland, wo ich einst tief in Dotterblumen watete, erfreut die Melodie des Flusses hörte auf beiden Seiten und mir vorstellte, auf einer Insel zu sein. Zwei meiner Figuren lagen da, lauschten den Schnittern bei der Arbeit auf den Feldern ringsherum und dem Rollen der Trommeln von der alten grauen Garnison auf den Hügel nebenan. Das war gut gemacht, denke ich, der Platz war gut bevölkert und gehörte nun nicht nur mir, sondern auch meinen Figuren zuletzt, für eine Weile. Zwischenzeitlich sind die Figuren verwischt, und die Originalerinnerung ist klar wie immer. Und wenn ich im Bett liege, und sehe das sandige kleine Eiland im Allan Water, wie es wirklich ist und das Kind (das ich einst war) durch die Butterblumen waten und bin erstaunt über die Klarheit und jungfräuliche Frische dieser Erinnerung. Juckt es mir unter den Fingern von Zeit zu Zeit, es in etwas Künstlerisches hineinzuweben.

Da gibt eine andere Insel in meiner Sammlung von Erinnerungen, die mich überwältigt. Ich habe eine ganze Familie dort einquartiert in einer meiner Erzählungen und später habe ich einen anderen Helden an diesen Ufern stranden lassen und zu einigen Tagen im kalten Regen und mit Muscheln an seinen umspülten Steinen verurteilt. Die Tinte ist noch nicht einmal richtig trocken, der Klang der Sätze noch in meinem Ohr und wie unter Zwang muss ich von dieser Insel erneut schreiben.

Die kleine Insel Erraid liegt nahe an der Südwestspitze des Ross of Mull. Der Sound of Iona an einer Seite, wo man gegenüber die Insel und die Kirche des Heiligen Columba sehen kann und auf der anderen die offene See, von wo aus man an einem klaren Tag das Meer sich brechen sehen kann, an den vielen versunkenen Felsen draußen auf dem offenen Meer.

Ich sah, oder besser kann mich erinnern sie zum ersten Mal gesehen zu haben, von einem Bullauge einer Schiffskabine eingerahmt. Die See rollte sanft an ihre Ufer, wie das Wasser eines Sees; die Farben, das klare Licht des frühen Morgens, ließen deutlich die heidebedeckten Hügel erkennen.
Da stand ein Haus in diesen Tagen, ein einzelnes einfaches Haus, aus unverputzten Steinen, in der Nähe eines Piers aus Treibholz.
Es muss sehr früh gewesen sein, denn es war Sommer und auf diesem Längengrad, wurde es selten dunkel. Doch gerade um diese Zeit stieg der Geruch von Torfrauch auf und trieb über die Bucht auf mich zu und das barfüßige Mädchen des Pächters, watete neben den Pier ins Wasser.
Am selben Tag, besuchten wir die Küste der Insel, ruderten tief ins »Fiddlers Hole« hinein, das donnerte, als wir es verließen, und besetzten alle zur Verfügung stehenden Unterkünfte, verteilt am nördlichen Meeresarm, als Schauplatz für die zukünftigen Aufgaben hier. Denn es war kein Zufall, der den Leuchtturm Dampfer zum Ankerlassen gebracht hatte, in der Bucht von Erraid.
Fünfzehn Meilen draußen auf der offenen See stand ein schwarzer Felsen, der Außenposten des Torran Riffs. Hier sollte ein Turm gebaut werden, und ein Stern entzündet, um die Seeleute sicher zu führen. Aber da der Felsen, sehr schmal war, schwer zu erreichen und weit weg von Land, würde es eine Arbeit von Jahren sein und mein Vater war auf der Suche nach einer Landstation, wo die Steine gebrochen und bearbeitet werden konnten, die Männer mit einer gewissen Sicherheit leben ...
Die Leuchtturm Siedlung veränderte die Insel nur innerhalb ihrer Umzäunung, aber über dem Gipfel des ersten Hügels, war nichts als jungfräuliche Wildnis. Hier gab es kein lebendes Wesen, bis auf die Napfschnecken auf den Felsen und dem einen oder anderen, alten, grauen, regentränkte Widder, der aus den Farnen schoss, zischen den Felsbrocken oder den jagenden, schreienden Möwen. Die Insel war älter als die Menschheit, und so wie sie war, fanden sie die Kelten, die zuerst hier landeten, die seefahrenden Nordmänner und Columbas Mönche. Der erdige Geruch der Moorpflanzen, die raue Unordnung der Felsbrocken, die einzigartige Klarheit der Luft, das Salz und das Jod darin, die Wellen, die sich zwischen den von Tang überwuchernden Felsen schaukelten, die plötzlichen aufspritzende Brandung an der Seeseite der Insel, alles was ich sah und fühlte, mussten auch mein Vorgänger unverändert hier gesehen haben. Wenn ich nach draußen ging, ging ich zugleich in die Vergangenheit.

Reizvoll würde es sein für mich in Ucht Ailium
Auf der Spitze des Felsens,
Dass ich oft die See sehen werde
Das Gesicht des Ozeans,
Dass ich die Lieder der wundervollen Vögel hören werde,
eine Quelle der Freude,
Dass ich das Donnern hören möge der mächtigen Wellen,
über den Felsen,
beim Arbeiten ohne Zwang –
Das würde reizvoll sein,
während der Zeit, die Algen von den Felsen zu lesen,
während der Zeit des Fischens.

Über die Nachbarinsel Iona sang es so Columba selbst, zwölfhundert Jahre zuvor. Und auch ich würde es von Erraid singen. [iii]

Das schrieb Stevenson über seine Erinnerungen an Erraid und wie er sie als Schriftsteller in seinen Geschichten verwendete. So habe auch ich meine Erinnerungen an Erraid und Mull verwendet. Denn auch noch heute ist es so. Einen Schritt weit entfernt von der Zivilisation, umgeben von wilden Bergen, den Elementen ausgesetzt, ist man in der Vergangenheit.

Meine Rückkehr zu Stevensons Insel 2010, sollte mir noch einige Erfahrungen der besonderen Art liefern.

Als ich in Deutschland aufbrach, war das Wetter schottischer als in Schottland und zum Glück empfing mich die Heimat Stevensons mit angenehmeren Temperaturen.

Der Winter war nicht nur in Deutschland hart und lang gewesen und so verwunderte es mich nicht, dass noch immer Schneereste auf den Bergen zu sehen waren, als ich auf dem Weg nach Oban die Highlands erreichte. Doch die Überfahrt mit der Fähre war angenehm und die Sonne schien warm, als ich schließlich mit meinem, für lange Wanderungen mit seinem 13 Kilo doch etwas schweren Rucksack erneut in Fidden ankam.

Der Zeltplatz bei der Farm war gut besucht und auch ich richtete mich ein mit meinem kleinen Zelt.

Als ich schließlich ein wenig an dem felsigen Strand herumlief, hörte ich Singen und Musik, die von Erraid herübergetragen wurden. Es war ja das Pfingstwochenende und die Mitglieder der Findhorn Community feierten dies auf ihre Art.

Abb. 12 - Ausblick auf Erraid

Am nächsten Morgen und einer nicht gerade angenehmen Nacht im Zelt, machte ich mich auf den Weg zum Sound of Erraid. Es war zwar ein trüber Tag, doch angenehm warm und windstill. Ich erreichte mein Ziel mit einigen Pausen und hatte Glück, das es noch Ebbe war.
Beim Durchwandern des sandigen Sounds, stellte ich fest, dass es nicht mehr lange dauern würde, bis Erraid keine Insel mehr sein würde. Der Meeresarm, der sie vom Festland - dem Ross of Mull – trennt, versandet zunehmend.
Nun setzte ich zum zweiten Mal Fuß auf Erraid, die Insel auf der Stevenson seinen Helden David Balfour so leiden ließ. Ich hoffte inständig, vor allen Dingen angesichts meines doch mangelhaften Zeltes, das es mir nicht so ergehen würde.
Ich überquerte einen Hügel und ging hinunter zu einer sandigen Bucht, die vor einem alten Farmhaus lag, das verlassen wirkte. Es war offensichtlich nur ein Ferienhaus. Die Insel Erraid wurde vor Jahren von der niederländischen Familie Van der Sluis erworben, die hier ihren Urlaub verbrachte, und sie später der Findhorn Community überließ.

Ich erreichte schließlich die Leuchtturmwärter Häuschen, vor der eine hohe Mauer die Gärten abschirmten. Hier war alles gut bestellt und blühte, stellte ich fest, als ich einen Blick darüber erhaschen konnte.

Ich ging vorbei am Pier, der von diversen Gebäuden umgeben war. Eines davon ist das Haus, in dem Stevenson damals lebte und das heute von den Leuten der Findhorn Community zum Herstellen von Kerzen benutzt wird. Auch Ställe und andere Wirtschaftsgebäude befinden sich hier. Die Findhorn Community versucht halbwegs unabhängig, als Selbstversorger zu leben, im Einklang mit der Natur. Die Gäste, die sie Jahr für Jahr beherbergen, dürfen sich rege an allen Arbeiten beteiligen. So wunderte es mich auch nicht weiter, dass, während ich das Tor öffnete, das zu dem Weg und den Gärten vor den Häusern führt, ruhig und gelassen ein paar Kühe getrottet kamen.

Ich wurde nett empfangen von der Dame, mit der ich schon per Mail kommuniziert hatte. Ich bat sie, meinen Rucksack abstellen zu dürfen, damit ich mich etwas umsehen konnte. Ich wollte die Insel und vor allen Dingen Balfour Bay zuerst einmal ohne die 13 Kilo Gewicht erkunden.

Ich antwortete großmütig, den Weg zur sandigen Bucht zu kennen, an der Stevenson seinen Helden stranden ließ, aber es stellte sich erneut heraus, das Karten, so genau sie auch sein mochten, nicht alles zeigen.

Vorbei an dem Steinbruch, wo die Granitquader für den Dubh Heartach Leuchtturm gebrochen wurden, ging es steile Pfade hinauf zum Observatorium. Hier stand im 19. Jahrhundert ein Teleskop, das dazu diente die See und das Wetter zu beobachten, während des Baus des Leuchtturms, draußen auf einem Riff im Minch, den Torran Rocks. Man hatte dort nur wenige Wochen, in denen wirklich gearbeitet werden konnte und nicht die See das Riff umtoste.

Dann folge ich einem Pfad, der zum höchsten Punkt der Insel führte, von dem aus man eine gute Aussicht hatte. Deutlich sah ich Balfour Bay vor mir liegen und auch die sandige Bucht, am Ross of Mull, an der meine Helden strandeten. Hinunter zu kommen, erwies sich doch etwas kompliziert. Schließlich hatte ich einen Weg gefunden und wanderte durch ein sumpfiges Tal zu der sandigen Bucht.

Es war ein friedlicher, sonniger Tag, aber man konnte sich gut vorstellen, dass David Balfour hier einige Mühe hatte, unverletzt die steinigen Begrenzungen zu überwinden, die die Bucht einschließt.

Es war auf jeden Fall ein guter Platz für mein Zelt, wenn ich ihn auch mit Schafen teilen musste.

Ich holte mein Gepäck von den Leuten der Findhorn Community, wo ich zu einem Tee und einem netten Gespräch eingeladen wurde. Dabei erzählte man mir von dem »*Wishstone*« oben auf der höchsten Erhebung von Erraid. Stevenson soll sich dort gewünscht haben, Schriftsteller zu werden, und man gab mir den Hinweis vorsichtig zu sein mit meinen Wünschen, denn sie würden in Erfüllung gehen. So hatte sich einmal eine Frau, die zu Gast bei den Leuten der Findhorn Community war, gewünscht länger auf Erraid bleiben zu dürfen und brach sich beim Sprung von dem Stein den Fuß!

Ich hatte leider den »*Wishstone*« nicht gefunden, aber ich hätte mir dasselbe wie Stevenson gewünscht.

Als ich schließlich wieder zurück an der Balfour Bay war und mich häuslich eingerichtet hatte, erlebte ich ein Wetterphänomen, das ich nur vom Hören – Sagen kannte ... Seenebel!

Es ist gruselig anzusehen, wenn plötzlich dicker Nebel über dem Wasser heranzieht, als hätte jemand draußen Trockeneis verteilt.

Dieses Phänomen war ja auch die Ursache des Zusammenstoßes der »*Covenanter*« mit dem Fischerboot, das Alan Breck zu dem französischen Schiff bringen sollte. Man sah die Hand vor Augen nicht und das bei strahlend blauem Himmel.

Balfour Bay ist bei Sonnenschein ein wunderschöner Platz, eine sandige Bucht oder besser gesagt zwei sandige Buchten, geteilt und umgeben von steilen Granitfelsen. Bei Sturm und so wie David Balfour hier strandete, möchte ich den Platz nicht erleben. Dann tost sicher draußen die Brandung gegen die Felsen und der Wind treibt die Gischt herein.

Ich habe einmal einen solchen Sturm im Juni 2006 auf der kleinen Hebrideninsel Berneray erlebt. Das Meer war fast zu Besuch in dem Hostel, einem strohgedeckten traditionellen *Black House* und der Wind drückte das Wasser durch alle Ritzen und Fugen.

In dem kleinen Tal, das sich der Bucht anschließt, fand ich Hinweise, dass hier einmal an einem Felsüberhang eine Art Unterkunft, ein sogenannter *Airigh* – eine Sommerweide, befunden hat. Auch Spuren von *Rigs*, den schmalen Handtuchfeldern waren noch auszumachen.

Abb. 13 - Seenebel in der Balfour Bay

Ich verbrachte eine ruhige, wenn am Morgen auch durch Regen etwas gestörte Nacht an dem wunderschönen Platz. Es war eine herrliche Ruhe hier, nur die allgegenwärtigen Schafe waren zu hören, besonders die Lämmer, die lautstark nach ihren Müttern riefen.

Leider ließ mein doch etwas unzureichendes Zelt keinen längeren Aufenthalt auf Erraid zu und ich beschloss, noch einmal die Gastlichkeit des kleinen Hostels auf Iona in Anspruch zu nehmen.

Mit meinen, nicht so leichtem Rucksack, ging es dann wieder querfeldein über Erraid, über den gänzlich trockenen Sound, vorbei an Fidden, nach Fionnphort.

Iona ist auf jeden Fall eine Reise wert. Die Insel hat etwas Magisches, ein besonderes Gefühl bekommt man hier. Nicht umsonst suchte sich der Heilige Columba diesen Platz aus, jener irische Mönch, der 563 AD hier landete und mit der Christianisierung Schottlands begann. Auf dem *Rèilig Odhrain* bei der Abtei von Iona ließen sich über Jahrhunderte Schottische, norwegische und irische Könige bestatten, unter ihnen der berühmte Macbeth, den William Shakespeare unsterblich machte. Robert Louis Stevenson ließ seinen Helden nur die Häuser der Insel und die, damals verfallene Abtei, von seinem Aussichtspunkt auf Erraid sehen und sehnsüchtig den Rauch beobachten, der Wärme und etwas zu Essen für ihn bedeutenden.

Abb. 14 - Rèilig Odhrain Iona

Sein weiterer Weg, als er dann endlich bei Ebbe über den Sound of Erraid kam, führte ihn auf kaum sichtbaren Pfaden über das Ross of Mull, den allgegenwärtigen Ben More als Wegzeichen.
Ich verlegte mich allerdings auf öffentliche Verkehrsmittel, denn die Pfade, die Stevenson beschrieb, gibt es schon lange nicht mehr und querfeldein über das Ross zu laufen, den Ben More als Ziel, war überaus schwierig.
…Die Gegend Ross auf der Insel Mull, in die ich nun kam, war zerklüftet und weglos wie das Eiland, das ich gerade verlassen hatte: nur Sumpf, Gestrüpp und riesige Felsen …, beschreibt Stevenson es und er hat nicht untertrieben.
Auf der Karte seiner Erstveröffentlichung 1886, verläuft der Weg, den Stevenson seinen Helden nehmen lässt nicht unbedingt parallel zu den heute vorhandenen Straßen. Er folgt einer alten Viehtreiber Route durch das Glen More und Glen Forsa in Richtung Tobermory, dass hier als Torosay angegeben ist. Über diese Route streiten sich die Geister und auch die Autoren, die sich bisher an die Thematik wagten.

Aber das Glen Forsa war eine bekannte Route im 18. Jahrhundert. Die heutige *Fishnish Ferry* entspricht eher dem Fähranleger in Richtung Morvern als Torosay, ein kleines viktorianisches Schloss, mit einem wunderschönen Garten, in der Nähe von Graignure gelegen, wo heute die Fähre in Richtung Oban ablegt.

Durchs Glen Forsa zu gehen verhindert leider eine der vielen, hässlichen und geradezu sinnlosen Aufforstungen des vergangenen Jahrhunderts, die überall in Schottland die Landschaft verschandeln und nicht der Umwelt zugutekommen. Allzu oft sind die Bäume den Atlantikstürmen und den salzigen Winden nicht gewachsen. Nach der Abholzung erodiert der Boden, ganz zu schweigen von den Forststraßen, die ohne Rücksicht auf Verluste in die Berge gebaggert werden. Zum Glück besinnt man sich langsam eines Besseren und erhält die noch spärlich vorhandenen natürlichen Waldgebiete aus Eichen, den berühmten kaledonischen Kiefern, Erlen, Birken und anderen Laubbäumen. Es wird mit diesen Bäumen aufgeforstet und die zurückgegangene Schafzucht tut ihr Übriges.

Ich habe mir jedenfalls nicht das Glen Forsa als Weg ausgesucht, sondern einen weiteren Viehtreiberweg, der über einen Pass am Fuße des Ben More zum Loch Bà und entlang einer Straße nach Salen führt.

Zum Glück nahm ich diesen Weg nicht mit meinem Rucksack, sondern als Tagestour von Graignure aus.

Mit dem Bus ging es bis zur sogenannten »*Holy Tree Bridge*« im Glen More. Der Pfad ist gut zu sehen und gepflegt, das heißt - es gibt ordentliche Trittsteine über die vielen Wasserläufe und er ist nur mäßig erodiert. Die Erosion ist ein großes Problem in den Highlands, besonders auf Wegen, die viel genutzt werden. Unter der oft nur kaum einen Meter hohen Torfschicht kommt meist das blanke Geröll, die Grundmoräne der ehemaligen Gletscher, die Schottland in der letzten Eiszeit bedeckten, zum Vorschein. Auch sind die Wege nicht mit den, gut instandgehaltenen Wanderstrecken in Deutschland zu vergleichen. Man sollte immer ordentliches, festes Schuhwerk tragen und keine Angst vor Schlamm und Pfützen. Allzu oft verdoppelt sich die Wegstrecke, durch die ständigen Umwege, auf denen man sumpfigen Abschnitten ausweichen muss.

Auch Wanderstöcke sind empfehlenswert, besonders um die Begehbarkeit mancher Moorflächen zu sondieren!

Abb. 15 - Blick von der Passhöhe zum Loch Bà

Der Weg ist sehr empfehlenswert, anfänglich etwas steil, doch dann mit mäßigen Anstiegen bis zur Passhöhe am Fuß des Ben More Massives. Herunter geht es allerdings auf einem, mit losem Geröll gefüllten Pfad, auf dem man sehr achtgeben muss.

Im Tal angekommen, hat man eine gute Sicht auf den Ben More, seine steile nordöstliche Flanke. Der Weg wird hier zur Schotterpiste, je näher man dem Loch Bà kommt, und bis zur Hauptstraße bei Gruline, einer losen Ansammlung von Häusern führt.

Ab hier heißt es dann Teerstraße laufen ... nicht unbedingt gut für die Füße. Im Juni 2010 konnte man hier überall die blauen Teppiche der Hyazinthen sehen, ein überwältigender Anblick.

David brauchte für seinen Weg einige Tage und verirrte sich immer wieder, was ich gut verstehen kann, wenn ich an diese nur kurze Tageswanderung denke und an den Weg. Ganz zu schweigen vom Glen More, das sicher zu Fuß durchwandert auch nicht ohne ist. Viel gemütlicher ist es da in einem Bus und die gibt es mittlerweile reichlich.

Als ich 1993 das erste Mal auf Mull war, bin ich ein Stück getrampt und rückwärts hatte wir alle Mühe einen Bus zu erwischen, um zurück zur Fähre nach Graignure zu kommen. Doch mittlerweile gibt es Touren, die von April bis Oktober Touristen in Bussen über die Insel bringen und hinaus auf Staffa, die berühmte kleine Felseninsel und auf die Treshnish Isles, die man von Fionnphort aus erreichen kann. Ich habe einmal einen solchen Ausflug mitgemacht und kam ich mir gelegentlich doch etwas seltsam vor. Besonders, als der Busfahrer an eine Stelle anhielt wegen eines kapitalen Hirsches. Im Thüringer Wald aufgewachsen, ist mir Rotwild nicht unbekannt und ein Sechsender nichts Besonderes.

Über Touristen kann man sich streiten, sie sind sicher für die Leute in den Highlands ein gute, wenn nicht mittlerweile die einzige Einnahmequelle. Die Wirkung auf die Kultur und die Umwelt steht auf einem anderen Blatt.

Die Gälisch sprechenden Highlander, die David Balfour traf oder die ich meine Heldin Andrea treffen ließ, gibt es schon lange nicht mehr. Anfang des 19. Jahrhunderts trieben die sogenannten *Clearences* die Menschen aus dem Lande. Die Ökonomie des aufkommenden Kapitalismus zerstörte die althergebrachte Clanstruktur. Die Lairds waren gezwungen Profit zu machen, um ihren ausschweifenden Lebensstil zu finanzieren. Die Pächter wurden vertrieben, um die profitable Schafzucht einzuführen. Den Rest taten zwei Weltkriege, in denen, wie Jahrhunderte zuvor, die jungen Männer aus den Highlands ihre Haut zu Markte trugen und teuer für ihre berühmt - berüchtigte Tapferkeit bezahlten und nicht zu vergessen, die ökonomischen Zwänge unseres Jahrhunderts. Wie in vielen ländlichen Gebieten auf der Welt gehen die Jungen und die Alten bleiben.

Noch dazu kommt, dass viele Leute aus England oder den Industriegebieten Schottlands, die Ruhe der Inseln entdeckt haben und hier einen Teil oder ganz ihr Leben verbringen wollen. Wirkliche Muilleachs findet man kaum noch. Was man heute auf Mull sieht, ist eine ganz andere Welt, als die, die Stevenson kannte oder die sein Held David Balfour erlebte.

Morvern

›Zwischen Torosay und Kinlochaline auf dem Festland verkehrt eine regelmäßige Fähre. Beide Küsten des Sundes liegen im Land des mächtigen Clans der Maclean und die Leute, die mit mir die Fähre benutzten, gehörten fast ausschließlich zu diesem Clan.‹ » Entführt«, Robert Louis Stevenson.

Abb. 16 - Eilean Musdile Lighthouse Loch Linnhe, im Hintergrund die Berge von Morvern

David Balfour Route zu folgen ist heute etwas schwierig. 2004 wählte ich Oban als Startpunkt für einen Ausflug nach Morvern, genauer nach Kinlochaline.
Oban gab es 1752 noch nicht und wo die Fähre von Mull ablegte, ist auch nicht so recht nachzuvollziehen. Torosay am Sound of Mull, wo jetzt der hübsche Garten, der zu einem viktorianischen Herrenhaus gehört, eine Touristenattraktion ist, hat wohl nur den Namen gemein mit dem Ort, an dem sich David Balfour einschiffte. Mehrere Autoren gehen davon aus, dass es *Fishnish Point* ist, wo die Fähre den Sound of Mull überquerte. Im 18. Jahrhundert interessierten sich reichlich wenige Leute für diese Ge-

gend, sodass auch nicht viel überliefert ist. Die Menschen, die hier wohnten, hatten anderer Sorgen. 1752 kämpften sie um ihr nacktes Leben.

Um wenigstens einen Teil der Strecke zu wandern, auf die Stevenson seinen Helden schickte, musste ich früh aufstehen. Es war noch finster, als ich auf der Fähre in Richtung Mull ankam und während der kurzen Überfahrt wurde es allmählich hell. Das Ufer von Morvern lag unter einer Nebeldecke, die ins Meer floss - ein erhebender und zugleich gespenstischer Anblick.

Es ging dann per Bus weiter bis nach Fishnish, wo ich mir doch etwas deplatziert am Fähranleger vorkam, unter all den Einheimischen, die um diese frühe Stunde hier auf das Schiff warteten. So ähnlich wird es auch David Balfour ergangen sein oder meiner Heldin, die noch mehr deplatziert war.

Das Wetter an diesem Tag war nicht gerade schön, regenschwere Wolken hingen über den Bergen von Mull und Morvern, als wir mit der Fähre schließlich den Sound of Mull überquerten.

Unterhalb der noch immer von Wolken verdeckten Bergformation, die *Table of Lorne* heißt, erkannte ich die Ruinen einer alten Burg, *Ardtornish Castle*.

Lochaline ist heute ein kleiner Ort mit Hotel und Kirche und existierte zu David Balfours Zeiten noch nicht. Das Boot, mit dem Stevensons Held übersetzte, landete sicher tiefer in der, *Loch* Aline genannte Bucht, die mehrere Kilometer ins Landesinnere schneidet.

Ich folgte am rechten Ufer entlang einem breiten Weg, der, nach dem ich das Gelände einer Siliziummine überquert hatte, in Richtung Kinlochaline führte, was nichts weiter heißt, als Ende von Loch Aline.

Hier überquerte ich einen Fluss über eine alte Bogenbrücke und hoch über dieser thronte, an einen Turm erinnernd, auf der rechten Seite ein altes Schloss, typisch im Stil der Highlands. Es ist Kinlochaline Castle, das erst in den neunziger Jahren des 20. Jahrhunderts liebevoll von Privatleuten restauriert wurde. Es war wohl schon eine Ruine, als David Balfour 1751 hier vorbeikam - seit gut 60 Jahren verlassen und ein Schauplatz blutiger Clanfehden. Es wurde von einem Campbell zerstört, wozu Alan Breck sicher etwas zu sagen gehabt hätte!

Entlang des Flusses, den die Brücke überquert, gelangt man zu der Hauptstraße, jetzt eine Single Track Road, die entlang weitere Wasserläufe hinein in die wilden Berge von Morvern führt. Dieser Weg war wohl

auch der, den David Balfour und sein Begleiter Mister Henderland nahmen und in meinem Roman Andrea und John Bishop.
Aber es gibt auch noch einen anderen, nämlich weiter am Ufer des *Loch Aline* entlang, vorbei an *Ardtornish House* und seinem schönen Garten und am rechten Ufer einem Flusslauf folgend, der sinnlicherweise *River Rannoch* heißt.

Abb. 17 - Kinlochaline Castle

Der Weg, den ich damals einschlug, führt ins *Glen Sanda*, ein verlassener Ort am Ufer des *Loch Linnhe*, zu dem man üblicherweise nur mit dem Boot kommt. Doch hier wird jetzt unterirdisch, und wie ich vermute, und Satellitenbilder es erscheinen lassen, auch überirdisch Granit abgebaut.

Die Strecke bis zum Ende des *Glen Sanda* und von dort aus nach Kingairloch zu laufen, war an einem Tag unmöglich, es sind über 28 Kilometer! Ich musste ja denselben Weg zurück nach Oban, den ich gekommen war und die letzte Fähre erreichen. So stellte ich mir das Handy quasi als Timer ein, und wenn es klingelte, musste ich umkehren, denn sonst würde ich es nicht zurückschaffen.

Das Wetter war nicht besonders gut, wie ich bereits erwähnte. Der Nebel hing wie ein Wattebausch auf den Table of Lorne und ich hörte in den einsamen Tälern, die sich vor mir öffneten, die Hirsche röhren. Ein Lied von *Runrig*, einer schottischen Folkrock Band schwirrt mir im Kopf herum, wenn ich heute die Bilder sehe ... *and we walked in empty glens*! Einsam und atemberaubend war es hier und auch an dem See, *Loch Tearnait* genannt, den ich erreichte und auf dem sich ein *Crannog*, eine kleine Fluchtburg befand. Es war schwer vorstellbar, dass in dieser Einöde Menschen gelebt hatten.

Doch weiter kam ich an diesem Tag nicht, denn mein Timer erinnerte mich daran, dass es Zeit war umzukehren.

Auf dem Rückweg klarte es schließlich auf und die Gegend erschien doch freundlicher als zuvor. Leider ist es mir wieder nicht gelungen dieser Spur David Balfours weiter zu folgen, jedenfalls nicht von Kinlochaline aus.

So blieb mir nur der Versuch, von Corran aus ein kleines Stück den Weg zu nehmen, doch allzu weit kam ich dabei auch nicht. Eine zweispurige Fernverkehrsstraße als Weg zu benutzen ist nicht empfehlenswert. Noch dazu war das Wetter anfänglich sehr gegen mich.

Von hier aus hatte ich atemberaubende Ausblicke auf das Glen Coe und Appin. Ich bin bis zu einer Stelle kurz vor Inversanda gekommen, wo um einen Bergstock herum noch die Reste eines natürlichen Eichenwaldes zu bewundern sind und natürlich unter Naturschutz stehen. Doch weiter wollte ich auf der Straße nicht laufen, denn Randstreifen sind in Schottland zumeist unbegehbar. Für den Rückweg wählte ich dann einen kleinen Abstecher ins Glen Gour, wo ein sogenannter *Public Footpath* bis nach Strontian führt.

Hier fand ich dann, dank einer Hinweistafel, einen Weg, der die Straße mied und mich zum Ardgour House, einem alten Herrenhaus oberhalb von Corran führte. Ein netter Umweg, entlang einer Privatstraße, die ich als Fußgänger benutzen durfte. Am Ende klarte es sogar auf, sodass ich bei strahlendem Sonnenschein wieder an der Corran Ferry ankam.

Die Corran Narrows sind eine Engstelle im Loch Linnhe, einem der Fjorde an der Westküste Schottlands, die tief ins Landesinnere hineinziehen. Hier steht einer der vielen Stevenson Leuchttürme. Er wurde 1857 von Stevensons Vater und Onkel gebaut.

Auch heutzutage verkehrt hier eine Fähre. Man hat jedenfalls noch keine Brücke gebaut, dazu ist die Straße zu unbedeutend, die nach Strontian führt und in eine der einsamsten Gegenden Schottlands, Ardnamuchran.

Zu der Zeit von David Balfour, war es ein jämmerliches Boot, das hier verkehrte. Doch er wurde, dank Mister Henderland, von einem seiner ‚Schäfchen' über den Loch Linnhe direkt nach Appin gerudert, von Camasnacroish aus, was wohl das zu Hause war, das Stevenson für seinen Mister Henderland ausgesucht hatte und gut kannte. Leider bin ich bisher noch nicht dorthin gelangt und auch meine Heldin nahm die Fähre an den Corran Narrows, die ich nach dem der Regen sich verzogen hatte, bei strahlendem Sonnenschein betrat.

Ich beschloss daher gleich, einen Abstecher in Richtung Ballachulish zu machen und zum Wald von Lettermore.

Abb. 18 – Blick auf den Pap of Glen Coe von Morvern aus

Der Wald von Lettermore

›Die hohen, schroffen, unfruchtbaren Berge zu beiden Seiten erhoben sich im Wolkenschatten tiefschwarz und düster, doch wo das Sonnenlicht auf sie fiel, erglänzten die Silbertressen ihrer Wasserläufe. Es schien ein raues Land zu sein, dieses Appin, an dem die Leute so hingen, wie Alan es tat. ‹
»Entführt«, Robert Louis Stevenson.

Abb. 19 - Blick von Onich nach Appin

Den Weg, den David Balfour hätte nehmen müssen oder auch meine Heldin, lief ich einige Tage später. Er führte mich ein Stück entlang der alten Militärstraße in Richtung Fort William, die oberhalb von Inchree noch erhalten ist, vorbei an den *Inchree Falls* nach Onich, das gegenüber dem Wald von Lettermore liegt.

Ballachulish verwirrt heutige Besucher etwas, denn auf den Karten werden gleich zwei Orte dieses Namens angezeigt, und zwar South - und North Ballachulish. Was wir heute als South Ballachulish kennen, hieß 1752 Laroch und Ballachulish lag in der Nähe der heutigen Brücke. Sie überspannt den Loch Leven hier, besser gesagt die Meerenge, *Caolas Mag Phadraig*, Peters oder Patricks Meerenge auf Gälisch genannt.

Direkt an der Brücke liegt der *Cnap a Chaolais*. Frei übersetzt bedeutet es, ›Hügel über der Meerenge‹, die Stelle, an der der Galgen stand, an dem James Stewart an 8. November 1752 gehenkt wurde, für ein Verbrechen, das er nicht begangen hatte.

Abb. 20 - James of the Glens Memorial Ballachulish Bridge

Das Monument wurde 1920 von der Stewart Society errichtet. Ein Ort des Gedenkens heute, aber vor 200 Jahren eher ein Ort der Furcht und der Trauer. Die Leute, die gezwungen waren, hier vorbei zu gehen, bekreuzigten sich hastig, sprachen ein Gebet für den Mann, dessen Überreste in Ketten geschlungen zur Abschreckung noch immer hingen.

Eine Gruppe Soldaten wurde in einer Hütte gleich daneben stationiert. Sie sollten verhindern, dass Freunde und Anhänger des Stuart-Königs bei Nacht und Nebel das Skelett stehlen, und dem armen James ein christliches Begräbnis geben konnten.

Dennoch gelang es den jungen Laird of Ballachulish, John Stewart, immer wieder herabgefallene Knochen aufzulesen. Lange Jahre nach dem Tod James of the Glens, beerdigte er die Überreste neben dessen Frau, in der Ruine der verfallenen Kapelle in Keil. Margarete Stewart war kurze Zeit, nach dem man James gehangen hatte, gestorben, an gebrochenem Herzen, wie die Legende berichtete.

Als ich 1992 das erste Mal in der Gegend war, verfehlte ich das Monument, obwohl ich schon an der Treppe stand, die vom Ballachulish Hotel hinauf zur Brücke führt. Doch damals hatte ich so gut wie keine Informationen über das alles. Doch 2002, genau 250 Jahre nach dem man James hier gehenkt hatte, besuchte ich das Denkmal dann. Es war nur schade, dass ich bereits Ende Oktober abreisen musste und nicht bei der kleinen Gedenkfeier am 8. November dabei war.

Die Brücke über die Meerenge ist noch relativ jung. Bis 1976 verkehrte hier eine Fähre und zu den Zeiten, als Stevenson seinen Helden auf den Weg schickte, gab es ein kleines Fährboot. Es wurde von Appin aus von Archibald MacInnes, dem einäugigen Fährmann bedient und lag ein Stück weiter entfernt in Richtung des Ballachulish Houses. Hier am Ufer des Baches befand sich der Ort Ballachulish - *Baile a' Chaolais* - Dorf an der Meerenge, dessen Spuren längst verschwunden sind.

Ballachulish House selbst steht noch. Es war der Sitz der Stewarts von Ballachulish, einer der Satelliten Familien der Appiner Stewarts, die sich im 16. Jahrhundert das Gebiet untereinander aufteilen. Der Chief wurde immer *Mac Iain Stiùbhart na h-Appainn* genannt und auch Andrew Stewart der heutige, führt den Titel. Die anderen Familien waren die Stewarts of Fasnacloich, deren Gebiet am Loch Creran lag und an das der Campbells grenzte, genauso wie das der Stewarts of Invernahyle. Der Besitz der Stewarts of Achnacon liegt im Strath Appin in der Nähe von Portnacroish.

Ballachulish House sah ich auch zum ersten Mal aus der Nähe 2002 aus der Ferne. Ich wagte mich nicht näher heran. Auf meinen alten Fotos sieht man nur das Dach des Hauses aus den Bäumen hervor lugen.

1992 grasten auf den Wiesen herum nur Schafe, aber 2006 war hier ein feiner Golfplatz entstanden.

Abb. 21 - Ballachulish House

Das Haus ist ein Hotel für den großen Geldbeutel und 2010 wurde es gerade renoviert, als ich wieder in Appin war. Es ist schon lange nicht mehr im Besitz der Stewarts von Ballachulish, die im Dunst der Geschichte verschwanden, ohne Nachkommen starben oder anderweitig ihren Besitz verloren, wie viele adlige Familien im späten 19. Jahrhundert.
So wie es jetzt steht, war das Aussehen des Hauses 1752 wohl nicht. Nach der Niederlage von Culloden brannte es der berühmt - berüchtigte Captain Caroline Scott, der damalige Kommandeur von Fort William nieder, genauso wie duzende von Häusern und Hütten in dem Gebiet. Erst Ende des 18. Jahrhunderts wurde Ballachulish House in dem Umfang gebaut, wie man es jetzt sehen kann. Aber seit 1640 steht an der Stelle ein Haus mit diesem Namen.
Der alte Laird, Alexander Stewart zog noch 1745 im Alter von über 60 Jahren mit dem Prinzen in den Krieg. Er bezahlte teuer dafür, nicht nur mit dem Niederbrennen seines Hauses, er verlor seinen ältesten Sohn auf dem Moor von Culloden.

Auch im Mord an dem königlichen Verwalter spielte Ballachulish House eine Rolle. Allan Breck ging hier ein und aus, warum auch immer. Er schien ein Vertrauter des alten Lairds und auch seines jüngsten Sohnes John gewesen zu sein, ganz zu schweigen von der Vertrautheit, die er zu diversen anderen jungen Leuten aus der lokalen Aristokratie hatte.

Abb. 22 - Bach im Gleann Chaolais

Allan verbrachte die Nacht vor dem Mord hier. Er lieh sich am nächsten Tag eine Angel und ging fischen am Bach, der sich aus dem Gleann a' Chaolais kommend in den Loch Leven ergießt und an Ballachulish House vorbeifließt. Wenn man sich ein Satellitenbild ansieht, erkennt man, dass der Ben a Bhethir die Form eines Hufeisens hat.

Glen Chaolais ist in seinem Inneren und das Glen Duror und Gleann a' Fhiodh seine äußere Begrenzung.

Allan gelangte während seines Fischens höher hinauf in das Tal und von den Hängen der Berge darüber hat man eine gute Sicht über den Loch Leven, bis hin zum Weg, der von Onich herüber zur Fähre führte. Man kann davon ausgehen, dass er wusste, wie offensichtlich alle in Appin, was sein Widersacher Colin Campbell of Glenure an diesem Tag, dem 14. Mai vorhatte. Umso seltsamer ist dann, Allan Brecks Erscheinen am frühen Nachmittag an der Fähre. Hier machte er, den in ein Gespräch vertieften Fährmann, auf sich aufmerksam und fragte, ob Colin Campbell schon übergesetzt hatte. Was das Ganze sollte, bleibt schleierhaft und geheimnisvoll. Er hätte sein Opfer beobachtet und umkreist wie ein Hai seine Beute, war der Kommentar der Campbells später dazu.

Abb. 23 - Aussicht vom Berghang oberhalb von Ballachulish House auf den Weg, den Colin Campbell nahm.

in vollkommen sinnloses, sich selbst auffällig machen, so sehe ich das oder man kann es auch anders deuten.

Auch ich machte einen oder besser gesagt zwei Ausflüge ins Gleann a Chaolais, 1992 und 2002. Auch ich hatte eine gute Sicht bis nach Onich vom Berghang oberhalb von Ballachulish House aus und natürlich auch auf den Wald von Lettermore zu meiner linken.

Heute ist die Gegend aufgeforstet und man kann nicht direkt am Berghang entlang. Auch der alte Reitpfad ist nicht mehr erkennbar. Dafür kann man dem Verlauf der ehemaligen Bahnstrecke folgen, die schon lange stillgelegt worden ist und von Oban bis zum Schieferbruch in Laroch - South Ballachulish führte. 2002 bin ich durch Zufall auf den Weg gestoßen, um der vielbefahrenen Fernverkehrsstraße in Richtung Oban auszuweichen.

2004 suchte ich den Bahndamm dann zielgerichtet und 2010 war die Strecke ein gut ausgebauter, geteerter Fahrradweg. Gut für Radfahrer, weniger für Wanderer, denn das Laufen auf so festem Untergrund ist nicht fußfreundlich. Aber auf jeden Fall besser, als ständig Autos auszuweichen, auf der schmalen, kurvenreichen Strecke.

Lettermore ist eine Ansammlung von Häusern in einer Kurve der A828. Ein kleiner Holzpfahl mit einem gelben Andreaskreuz auf hellblauem Untergrund – den Appin Regiment Banner - weist seit 2002 auf den »*Last Clansman Trail*« hin, Bezug nehmend auf das Buch von Professor James Hunter »*Culloden and the last Clansman*«, welches auch mir eine ergiebige Quelle war. Für meinen Roman und für dieses Buch.

Eine Forststraße führt von der Hauptstraße aufwärts zu dem sanft ansteigenden Hang, an dem der Mord an Colin Roy Campbell geschah. Das Gebiet ist im Besitz der *Forestry Commision*, die hier alles aufgeforstet hat. Über die Nützlichkeit solcher Aufforstungen mit schnell wachsenden Gehölzen kann man streiten. Nützlich sind sie höchstens ökonomisch gesehen, ökologisch das ganze Gegenteil. Unbestreitbar ist allerdings der Schaden, den diese Arbeiten an dem zweifelsohne historischen Platz angerichtet haben. Von dem alten Reitpfad, dem man bis zum Beginn des zwanzigsten Jahrhunderts noch folgen konnte, ist kaum mehr etwas zu sehen. Er war 2002 noch zu erahnen, weil im Herbst davor ein Orkan den Hang, der mit Lärchen und Fichten bepflanzt war, umgeweht hatte und nun eine Lichtung entstanden war. Ich fand sogar ein wenig weiter in Richtung Kentallen Überreste eines Hauses. Oberhalb dieser terrassenartigen Fläche wird es steiler. Der Hang, auch wenn man über dem Cairn eine Forsttrasse hinein gegraben hatte, besteht aus Felsen und daran klammern sich Bäume, wie sie zu der ursprünglichen Vegetation des 18. Jahrhunderts gehört hatten, Birken, Erlen, Ebereschen.

Diese Felsen verbergen die weiter steil aufragende nördliche Flanke des Ben a Bhethir, dessen beide Gipfel der *Sgorr Dhearg* und der *Sgorr Domhnuill* sogenannte Munros sind.

Folgt man der Forststraße weiter in Richtung Kentallen, sieht man kleine Wasserfälle über die Felsen stürzen. Hier hat man einen besseren Blick auf den steilen Hang, an dem Mungo Campbell den dunkel gekleideten Mann mit dem Gewehr gesehen hat. Doch der eigentliche Schauplatz des Mordes liegt ein Stück zurück in Richtung Ballachulish und eine Hinweistafel führt zu dem Pfad, der nun auf einer Lichtung entlangläuft, die schon wieder von kleinen Bäumen - alles was dort natürlich wächstüberwuchert ist. Der Pfad endet an dem sogenannten Memorial Cairn. Ein Cairn ist ein loser aufgeschichteter Steinhaufen, der vielerorts in den Highlands als Wegweiser dient, hier aber als Erinnerung an den Mann, der an diesem Ort gestorben ist. Das wurde sicher schon kurze Zeit nach dem Mord begonnen und mittlerweile hat man einen solide gemauerten Cairn mit einer Gedenktafel errichtet.

Bei meinem ersten Besuch 2002 rätselte ich, wo der Schütze sich verborgen haben könnte, und suchte mir einem Platz schräg oberhalb in Richtung Kentallen aus, unterhalb der Forststraße. Ich hatte damals keine Ahnung, dass Colin Campbell in den Rücken geschossen wurde und das man bei Nachstellung der Szene in der Fernsehserie, die mich so inspiriert hatte, dem wirklichen Geschehen ziemlich nah kam. Man konnte deutlich sehen, dass der königliche Verwalter von zwei Kugeln direkt neben der Wirbelsäule getroffen wurde, obwohl nur ein Schuss fiel. Das mag zwar etwas verwunderlich klingen, aber es gibt eine Erklärung dafür. Ian Nimmo, der das sehr zu empfehlende Buch »*Walking with Murder*« schrieb, welches mir hier als Quelle dient, hat mit einem Kriminalkommissar im Ruhestand den Tathergang aus Sicht moderner forensischer Methoden rekonstruiert. Er trieb zwei Autopsieberichte von Ärzten auf, die einen Anhalt auf die ungefähre Schussrichtung gaben. Anhand dieser stellte er fest, dass der Schuss aus nicht allzu weiter Entfernung abgefeuert wurde. Wobei man beachten muss, dass die Reichweite von Musketen in dieser Zeit um die hundert Meter lag. Genau schießen konnte man nur mit sogenannten Büchsen, die allerdings erst in den siebziger Jahren des 18. Jahrhunderts ausgereift waren, mit ihren gezogenen Läufen. Ansonsten waren die Waffen schwere, lange, unhandliche Musketen, nur aus der Nähe einigermaßen treffsicher.

Eine Tatsache, die von dem vermeintlichen Schützen einiges Können abverlangte und auch die Stelle eingrenzt, von der aus geschossen wurde. Auf keinen Fall von oberhalb des Reitweges, an dem steilen Hang, der damals mit Büschen und jungen Bäumen bewachsen war, so wie ich es 2002 und 2006 gesehen habe. Er konnte nicht im steilen Winkel nach unten schießen, eine schwere Waffe konnte man nicht so halten und man würde verziehen beim Abfeuern. Er brauchte also einen Platz, wo er die Muskete auflegen konnte, um sicher zu sein, dass er sein Ziel traf und möglichst gerade schießen konnte.

Ian Nimmo und der Kriminalkommissar fanden eine ideale Stelle, eine Vertiefung, die einem Mann genügend Platz gab sich hinzulegen und hier ruhig und gelassen auf sein Opfer zu warten. Egal ob Glenure zu Pferde kam, oder sein Reittier am Halfter führte, er hätte ein ideales Ziel abgegeben.

Ein sauberer Schuss, und der Auftrag war erledigt, auch ohne Zielfernrohr und Tarnkleidung. Noch bevor irgendjemand in die Richtung schauen konnte, von wo der Schuss abgegeben worden war, wäre der Schütze aufgesprungen. Ein Schritt genügte, um zwischen den Büschen und Bäumen in Richtung Ballachulish zu verschwinden oder weiter hinein ins damals dicht bewaldetet Gleann a' Chaolais, ohne, das auch er nur kurz zusehen gewesen wäre.

Nun zurück zu den Autopsieberichten, die zwei zu den Campbells gehörende Chirurgen anfertigten. Zwei Kugeln trafen Colin Campbell in den Rücken. Die Einschüsse lagen auf beiden Seiten der Wirbelsäule etwa sechs bis sieben Zentimeter voneinander entfernt und die Austrittswunden im Bauch, wobei eine Kugel die Leber durchschlug, was eine heftige Blutung verursachte. Eine Austrittswunde war unterhalb des Nabels und eine weitere, etwa fünfzehn Zentimeter davon entfernt rechts, wahrscheinlich durch die Wirbelsäule abgelenkt.

Um, diese zwei Eintrittswunden zu verursachen, brauchte es keiner zwei Schüsse oder Schützen. Es gab eine ganz einfache Erklärung dafür. Es war nicht selten, dass entweder auf der Jagd oder auch auf Schlachtfeldern eine doppelte Ladung in die Musketen gepackt wurde. Es erzeugt eine größere Trefferquote, egal ob man es auf der Jagd anwendet oder einem Gegner in der Schlacht gegenüberstand. Die zweite Ladung ist kleiner und beginnt zu drudeln beim Abschuss.

Les Liney, der Kriminalkommissar stellte sehr schnell fest, dass die Nähe der beiden Eintrittswunden und die Tatsache, dass beide Kugeln ausgetreten waren, einen Schuss aus weiterer Entfernung ausschlossen.

Abb. 24 - Der Wald von Lettermore heute

Der Schütze musste sehr nah gewesen sein und auch der Winkel war nicht steil, was einen Schuss von oberhalb des Hanges ausschloss und somit den Mann, den Mungo Campbell dort gesehen hatte.
Im September 2013 traf sich eine Expertengruppe in Fort William, bestehend aus einem Richter und diversen Experten für Ballistik, Forensik und forensische Anthropologie, sowie Professor James Hunter. Die Royal Society of Edinburgh hatte sie eingeladen, um anhand der Prozessunterlagen herauszufinden, ob James Stewart und sein Ziehsohn Allan Breck schuldig waren. Sie kamen zu dem Schluss, dass es doch zwei Schützen gegeben haben musste, doch Allan Breck keiner von beiden war und somit James nicht schuldig der Beihilfe zum Mord!
Nur wer der Schütze war, darauf konnte keiner eine Antwort geben. Natürlich wäre Allan Breck ein idealer Kandidat gewesen für diesen Auftrag. Er war Soldat, im Umgang mit Waffen geübt und sicher auch ein guter Schütze.

Doch außer seinen doch sehr auffälligen Drohungen, die er zumeist stockbetrunken ausgestoßen hatte und der vermeintlichen Nähe zum Tatort, seine so auffällige Frage nach Glenure Aufenthaltsort, war das alles, was man an Beweisen aufführen konnte. Niemand hatte ihn mit der Waffe in der Hand gesehen und er hatte immer nahen Verwandten und guten Freunden gegenüber beteuert, nicht geschossen zu haben. Das mag nach einem schwachen Argument klingen. Aber alles, was man über den Mann weiß, ist, dass er ein Aufschneider und Dummschwätzer war. Wäre er der Schütze gewesen, hätte er keine Gelegenheit ungenutzt gelassen, um damit zu prahlen, welch guten Schuss er auf einen Campbell abgegeben hatte![iv]

Als ich 2006 die Stelle besuchte, kämpfte ich mich den Hang hinauf, bis zu der Stelle, die Ian Nimmo beschrieben hatte und es stimmte, was meine Fotos ja auch bestätigen. Dennoch ist der Platz das, was man einen *droch aite* - einen schlechten Ort nennt und 2002 hätte ich Stein und Bein schwören können, den Schuss zu hören und das Geschrei Glenures, was allerdings wohl nur einer überreizten Phantasie zuzuschreiben war.

2006 hatte ich einen anderen Eindruck, der sich tief in meine Erinnerung gegraben hat. Es war ja Anfang Juni gewesen und in etwa dieselben Bedingungen wie am 14. Mai 1752. Ein Frühlingstag, die Natur erwachte, grünte, blühte, ein Teppich von Hasenglöckchen im Gras, der Adlerfarn trieb aus und ein Kuckuck rief. Tiefster Frieden, bis ein Schuss fiel, ein Schuss, in dessen Folge das Leben von zwei Menschen gewaltsam beendet und das anderer zerstört wurde. Am Ende änderte sich nichts.

It's not going to Change a Thing - Nichts *wird die Dinge ändern.*

Abb. 25 - Blick zu dem Platz, an dem der Schütze saß.

Duror

›Schließlich, so gegen halb elf, standen wir auf einem Abhang und sahen unter uns Lichterschein. Es machte den Eindruck, als stünde die Haustür offen, die Feuer – und Kerzenschein nach draußen entließ; und rings um Haus und Gehöft wimmelten geschäftig fünf oder sechs Personen, von denen jede ein brennendes Holzscheit trug.‹ »Entführt«, Robert Louis Stevenson.

Abb. 25 - Strath Duror

Meine erste Reise 1992 führte mich ins Glen Coe und nach Ballachulish. Am meisten beeindruckte mich damals die Fahrt von Oban nach Glen Coe Village. Wir fuhren mit einem Minibus, damals einem Zubringer zwischen den Jugendherbergen. Der Fahrer war mit Sicherheit ein Einheimischer, denn er fuhr, oder besser raste im »Blindflug« über die, damals zu großen Teilen, noch einspurige Strecke. An einigen Stellen in Benderloch rutschte mir fast das Herz in die Hosentasche. Ich war froh, in einem Stück in der Jugendherberge im Glen Coe angekommen zu sein.
Damals wusste ich kaum etwas von den geschichtlichen Hintergründen von Stevensons Roman. Ich hatte in Oban ein kleines Heftchen erworben,

das in Englisch über den Mord an Colin Roy Campbell berichtete und über einige alte Traditionen in den Highlands.
Auch von den wirklichen Orten des Geschehens hatte ich keine Ahnung, eben nur den vagen Hinweis, dass Stevensons Buch auf historischen Tatsachen beruhte und auch der Begriff Internet war noch fremd und die Quellen für Informationen doch sehr beschränkt.
Allerdings half mir der Zufall oder wie auch immer man es nennen sollte. Nach einer Wanderung stopfte ich damals in der Jugendherberge im Glen Coe meine nassen Schuhe mit Zeitungspapier aus und fand dabei einen Artikel, der sich mit dem Mord in Appin, eben den historischen Hintergrund von »Entführt« beschäftigte.
Bei meinem zweiten Besuch umrundete ich mit meinen beiden Kindern, damals zwölf und neun Jahre alt den *Ben a Bhethir*, der von oben wie ein Hufeisen aussieht, doch nach Aucharn gelangte ich damals nicht. Ich musste ich noch neun Jahre warten und wurde von meinem guten Freund Lachie Munro, der ein Experte ist, was Stevenson betrifft, dorthin gebracht. 2002 sah ich dann das erste Mal Aucharn. Es ist eine Farm und der jetzige Besitzer muss doch schon einiges erdulden, was Touristen angeht.
2004 lief ich ein wenig auf dem Grundstück herum, wobei der Hund im neuen Farmhaus anschlug und ein Mann dann herauskam, der mich fragte, ob ich mich verlaufen hätte. Am liebsten hätte ich ihm geantwortet: »Nein, ich bin hier zu Hause!« So geht es eben Schriftstellern.
In meiner Fantasie war das Haus von James, sein zu Hause 1752, nicht nur ein Haufen Steine, die Reste einer Mauer mit einem Fensterloch. Für mich war es das langgestreckte Gebäude mit einem Strohdach, mit Kaminen, was etwas Luxus verhieß damals, wo die meisten Häuser ein offenes Torffeuer hatte. Das Ganze ist umgeben von Nebengebäuden, einfacher Art und den typischen primitiven Hütten der anderen Menschen, die hier lebten, denn Aucharn war keine Farm im herkömmlichen Sinne. Es war ein *Clachan* oder *Baile*, ein kleines Dorf. Längst verschwunden sind die anderen Gebäude, oder was von ihnen übrig war. Verschwunden die schmalen Handtuchfelder, *Rigs* oder *Lazy Beds* genannt, deren Spuren ich auf den Äußeren Hebriden noch gesehen hatte und auch auf Earraid. Verschwunden sind auch die Bewohner, die Mac Colls, die Carmichaels, die Livingstons.

Abb. 26 - Zeitungsausschnitt von 1953

Viele neue Häuser stehen heute in Duror, es ist eine lebhafte kleine Gemeinde in dem breiten Tal, das sich zwischen den Bergen erstreckt. Die Fernverkehrsstraße von Fort William nach Oban durchquert es, zwei Kirchen, ein Hotel und ein »Tante-Emma-Laden« zieren den Ort.

Das Hotel – Stewart Hotel genannt, war einst die Heimat der Stewarts of Invernahyle, gebaut um 1778.

Das Original Invernahyle House befindet sich am Loch Creran und ist eine einfache Farm. Doch in den 70er Jahren des 18. Jahrhunderts tauschte der Laird sein Land mit dem von John Campbell of Airds, der sich sehr für James of the Glen einsetzte - Aucharn gehörte zu Airds Besitz.

Alexander Stewart of Invernahyle baute ein neues Herrenhaus. Doch es ist schon lange nicht mehr im Besitz der Stewarts, und wenn man die Website des Hotels besucht, wird man als Kenner der Geschichte mit einer heftig verdrehten Erklärung des Mordes am königlichen Verwalter geschockt.

Alexander Stewart würde sich im Grab umdrehen, wenn er das lesen könnte. Eben dieser Mann war ein guter Bekannter eines weiteren schottischen Autors, dessen Werke weltberühmt sind. Sir Walter Scott.

Scott verbrachte viele Sommer seiner Jugend in Invernahyle House und hörte dort Geschichten aus der glorreichen Vergangenheit des alten Mannes. Für ihn war Alexander Stewart, das Sinnbild des verwegenen, stolzen Highlanders und man findet einiges in seinen Büchern wieder, was er ihm berichtet hatte. Wie zum Beispiel die folgende Geschichte.

Alexander Stewart folgte, so gut wie alle Appiner Stewarts, dem Prinzen Charles Edward Stuart, bei seinem letzten Versuch den Thron von England und Schottland zu erobern im Jahr 1745/46, der sogenannten jakobitischen Rebellion. In Prestonpans, in der Nähe von Edinburgh im September 1745, griff der junge Laird of Invernahyle auf der linken Flanke der Jakobiten zusammen mit seinen Männern und den Camerons ein paar Feldhaubitzen an. Sie wurden von einem Offizier der Hannoveraner Truppen empfangen, der gegen das allgemeine Chaos und die panische Flucht um ihn herum Befehle schrie und die Geschütze mit dem Schwert in der Hand verteidigte.

Alexander Stewart fand sich sofort in einem Handgemenge mit dem Offizier wieder, dessen Schwert dabei in seiner Tartsche, dem hölzernen Schild der Highlander steckenblieb und den Mann entwaffnete. In diesem Moment griff ein riesiger Highlander ein, der Müller von Invernahyles Mühle, und wollte den Rotrock mit seiner Schlachtaxt erschlagen. Doch Alexander Stewart verhinderte das mit einiger Mühe und rettet dem Offizier damit das Leben. Es war ein gewisser Colonel Alan Whiteford, ein britischer Artillerie Offizier und er setzte sich nach der blutigen Schlacht von Culloden genauso großmütig für den Invernahyle Laird ein, wie dieser sich in Prestonpans für ihn eingesetzt hatte. Diese Erzählung fand sich in Walter Scots Buch »Waverley« wieder.

Ob Stevenson auch in Duror Station machte, bei seiner Reise durch die Highlands mit seinem Vater, bei dem er das Büchlein über James Stewarts Prozess fand, ist nicht nachgewiesen. Aber es lag sicher auf dem Weg von Fort William nach Oban. Doch auf jeden Fall hat dieses Buch die Entstehung von seinem Roman »Entführt«, auf dessen Spuren ich hier unterwegs bin, sehr beeinflusst.

An dieser Stelle will ich nun etwas in den historischen Hintergrund eintauchen und hier in Duror James Stewart, in Stevensons Buch fälschlicherweise James of the Glens genannt, vorstellen.

Abb. 27: Blick ins Glen Duror 1994

James Stewart wurde zu Beginn des 18. Jahnhunderts - das genaue Jahr ist unbekannt - im Glen Duror geboren. Das brachte ihm den gälischen Beinamen *Seamus a Ghlinne*, James of the Glen ein, um ihn von den zahlreichen James Stewarts in Appin zu unterscheiden.

Das Glen Duror ist ein Hochland Tal, das sich von dem Ort, den wir heute als Duror kennen, am Fuße des Ben a Bhethir in östliche Richtung öffnet. Es war zu dieser Zeit nicht von Fichtenplantagen bestanden, sondern zumeist baumlos und als Weidegrund genutzt.

Wer James Mutter war, ist unbekannt, aber sein Vater war John Stewart of Ardshiel, ein Laird der Satelliten - Familien der Appiner Stewarts. Allerdings heiratete er sie nicht, sodass James als illegitim galt. Das war zu dieser Zeit in den Highlands nicht unüblich, wo Ehen nicht aus Liebe, sondern aus Macht und Geldgier geschlossen wurden.

Es war auch nicht zu James Nachteil, illegitim zu sein. Er wuchs nicht ärmlich auf, erhielt eine gute Bildung, konnte Lesen und Schreiben, Englisch lesen und schreiben, was nicht als Selbstverständlichkeit anzusehen war in dieser Zeit.

Abb. 28 - Bothy an James of the Glen's Geburtsplatz im Glen Duror

Er hatte auch einen gehobenen sozialen Status und agierte als Tacksman für seinen jüngeren Halbbruder Charles Stewart of Ardshiel, ein legaler Sohn von John Stewart.

Ein Tacksman ist eine Art Landverwalter *Fear Taic* in Gälisch. Er erhielt das Land vom Laird verpachtete, *tack* genannt und vermietete es weiter. Den Ertrag führte er zum Teil an seinen Gutsherren ab, aber was er auf seinem Teil des Landes erwirtschaftete, gehörte ihm. Das brachte ihm eine gehobene Rolle und einen guten Lebensstandard in der Hochland Gesellschaft ein.[v]

Im Glen Duror befindet sich das Geburtshaus von James Stewart, das heute eine »Bothy«, eine Wanderschutzhütte ist. Es ist nicht wirklich dasselbe Haus, wohl eher der Platz, an dem er geboren wurde. Das Haus ist schlicht und ergreifen hundert Jahre zu jung und wohl Ende des 19. Jahrhunderts errichtet. Oberhalb der Bothy findet man im Grass des Hanges, der zum Glück nicht mit Fichten aufgeforstet wurde, die Grundmauern weiterer Gebäude. Es sind wohl die Überreste von sogenannten Torfhäusern. Torfhäuser waren die übliche Bauweise im Hochland des 18, Jahrhundert jedenfalls dort, wo es Bäume und Torf gab. Es war eine Art Fachwerkhaus, das auf einem Steinsockel errichtet wurde. Das Flechtwerk zwischen den Fächern wurde dann mit Torf aufgefüllt, was eine sehr gute Wärmeisolierung ergab. Allerdings war die Haltbarkeit der Häuser begrenzt, was erklärt, dass man davon kaum Überreste findet. Den Nachbau solcher Häuser kann man im Freiluftmuseum von Newtonmore bewundern. [vi]

James bewirtschaftete unter seinem Halbbruder Land im Glen Duror und später auch die Farm von Auchindarroch. Nur muss man sich das nicht als Farm im heutigen Sinne vorstellen, was ich ja bereits von Aucharn schrieb.

In den Highlands herrschte ein kompliziertes System der Landverpachtung, das nicht gerade den Ertrag des sowieso dürftigen Bodens steigert. Es war ein System, das *Run - Rig* hieß. Ein *Rig* ist ein Steifen kultivierten Landes, ein Feld, das durch Drainagegräben oder Furchen vom nächsten Rig abgetrennt wurde. Die Überreste dieser Felder kann man noch auf der Insel Skye und den Inseln der Äußeren Hebriden finden. Ich habe sie sogar auf Earraid noch gesehen.

Die Rigs wurden jedes Jahr neu verpachtet und umso mehr Rigs ein Bauer hatte, umso wohlhabender war er. Das führte aber im Laufe der Zeit dazu, dass das urbare Land immer mehr aufgeteilt und unterteilt und schlicht und ergreifend unfruchtbar wurde. Es war nicht unbedingt eine sehr ökonomische Methode. Aber so musste man sich das in der Zeit von James Stewart vorstellen.

Die gepachteten Farmen waren auch nicht nur ein Farmhaus mit Nebengebäuden, sondern ein richtiger kleiner Ort.

James war nicht nur Farmer und Verwalter, er war auch Viehhändler. Er vertrieb die schwarzen Hochlandrinder, verkaufte sie auf den damals berühmten Viehmärkten von Crieff und Falkirk, die sich im schottischen Unterland befanden. Jedes Jahr im Herbst brachen die Männer in den Hochlandtälern und auf den Inseln zum großen Viehtrieb auf. Zu Hunderttausenden wurden die Rinder, Schafe und Ziegen auf den Viehtreiberpfaden durch das wilde Land getrieben, überquerten die Herden Meerengen und Flüsse. Es war die Haupteinnahmequelle der Hochländer und auch teilweise die Ursache für Streitereien und den im damaligen Hochland weitverbreiteten Viehdiebstahl.

Abb. 29 - Überreste von Rigs auf der Insel Berneray auf den Äußeren Hebriden

Es war eine ehrenhafte Sache und man nannte es nicht Diebstahl, sondern *Wegtreiben*. Der berühmte Rob Roy Mac Gregor lebte davon Schutzgelder einzufordern, um den Viehdiebstahl auf seinem Gebiet zu unterbinden.

James Stewart wurde im Prozess gegen ihn als ein gutherziger, freundlicher und friedfertiger Mann von den Zeugen der Verteidigung beschrieben. Ein Mann, dem man gerne Waisen anvertraute. Er wurde als Lehrer und Förderer beschrieben und sorgte ständig für mehrere elternlose Kinder. Eines von ihnen war Allan Breck, und als James in Fort William im Gefängnis saß, bereute er sicher, jemals diesen Jungen bei sich aufgenommen zu haben. Auf jeden Fall sagte das ein Brief, den er an einen Rechtsanwalt schrieb zu dieser Zeit und eine Beschreibung des jungen Mannes enthielt. ›*Ein verzweifelt törichter Bursche ...*‹, hieß es da.

Was James letztendlich zu jenem bitteren Ende brachte, begann nach Culloden. Diese letzte Schlacht, bei der die aufständischen Jakobiten vernichtend geschlagen wurden, brachte für die Clachans in Appin nichts als Unterdrückung, Brandschatzung und Hunger. Sie bezahlten teuer, dem Ruf des Prinzen gefolgt zu sein, freiwillig oder auch unfreiwillig und am teuersten die einfachen Leute.

Abb. 30: Überreste des alten Forts in Fort William

Fast hundert blieben tot auf dem Schlachtfeld bei Inverness liegen, über sechzig wurden verwundet. Doch die, die sich irgendwie nach Hause schleppen konnten, waren dort keineswegs sicher. Von Fort William aus starteten die britischen Behörden Strafexpeditionen gegen die Aufständischen.

Die Soldaten brannten die ärmlichen Hütten nieder, zerstörte die Feldwerkzeuge, nahm den Menschen alles von Wert, Kleidung, Decken und trieben das Vieh davon oder töteten es.

James Halbbruder Charles Stewart von Ardshiel, der als einer der Rädelsführer der Rebellion galt, verbarg sich in den Bergen gemeinsam mit vielen anderen Mitgliedern des Appiner Adels und einfachen Männern. Zu seiner Leibgarde gehörte unter anderem Allan Breck.

Zahllose Gutshäuser gingen ebenfalls in Flammen auf oder wurden wie Ardshiel House abgetragen.

Der berühmt - berüchtigte Kommandeur von Fort William war damals ein Mann namens Caroline Scot, ein Schotte, ein Lowlander. Die Lowlander hatten einen besonderen Hass auf die gälisch sprechenden Männer aus den Highlands. Das lag einerseits an den Viehdiebstählen, aber auch an dem gravierenden Unterschied in Sprache, Religion und Kultur.

Caroline Scots Schandtaten wurden besonders von dem Episkopalischen Bischofs Forbes niedergeschrieben und sie beschränkten sich nicht nur auf das Anzünden von Häusern. So wurden von ihm zum Beispiel zwei Männer im Glen Nevis gehängt, die ihre Waffen abgeben wollten und nicht an der Rebellion beteiligt waren. Er trug das noble Haus der Lairds of Ardshiel Stein für Stein ab, verkaufte die Schiefer, mit denen es gedeckt war, die Dachbalken, die zugehauenen Türstürze und Fensterbänke, ganz zu schweigen von den Möbeln und dem Hausrat. Man fällte sogar die Obstbäume im Garten des Hauses.

Ardshiels Frau wurde mit ihren zahlreichen Kindern in eine Hütte verbannt, wo sie im Dezember des Jahres 1746 ihr letztes Kind, ein Mädchen, zur Welt brachte.

Auch James musste sich zuerst verstecken, wurde dann aber begnadigt und übernahm, mehr oder weniger offiziell, die Verwaltung des Besitzes seines Halbbruders Charles Stewart, der Anfang 1748 nach Frankreich floh, wo er 1756 in Sens starb.

Das wurde von den Menschen in Duror akzeptiert, aber keinesfalls von denen, die in London oder Edinburgh das Sagen hatten. Der Besitz der Rädelsführer der Rebellion fiel an die Krone. Es wurden königliche Verwalter eingesetzt, die die Pachten eintrieben und die jährliche Neuverpachtung des urbaren Landes verwalteten.

Für den Besitz des Lairds of Ardshiel wurde Colin Campbell of Glenure eingesetzt. Colin, der wegen seines roten Haares *Cailean Ruadh* in Gälisch genannt wurde, gehörte einer Familie oder einem Clan an, mit dem die Appiner Stewarts seit Jahrhunderten spinnefeind waren.

Der führende Kopf dieser Familie, der Campbells of Barcaldine, war John Campbell. Er spielte eine große Rolle in der Argyll Miliz, einer paramilitärischen Einheit, die in Culloden die Flanke der Rebellen beschoss und für die vielen Verluste in den Reihen des Appin Regiments verantwortlich waren. Er war der Halbbruder Colins, ein Sohn aus der ersten Ehe seines Vaters Patrick. Colins Mutter war eine Cameron, eine nahe Verwandte Lochiels, dem Chief der Camerons.

Das brachte den Mann in arge Bedrängnis, den die größten Probleme bekam der königliche Verwalter nicht in Appin, sondern in den beiden Gebieten, die den Camerons gehörten und die er auch betreute.

Abb.31 - Glenure House

Hier standen die Leute ihm offen feindlich gegenüber, sodass er den Kommandanten von Fort William um militärische Unterstützung in Form eines Trupps Soldaten bitten musste. Doch auf dem Besitz von Charles Stewart fühlte er sich sicher, denn dessen Halbbruder James war seine rechte Hand.

Das mag etwas seltsam klingen, aber obwohl sie beide verfeindeten Clans angehörten, während der Rebellion auf verschiedenen Seiten gekämpft hatten, waren sie befreundet. Das Glen Ure, in dem Colin Campbell lebte, war auf den Wegen des 18. Jahrhunderts nicht weit vom Glen Duror entfernt. Dort hatte Colin ein Herrenhaus gebaut, nachdem er eine um gut zwanzig Jahre jüngere Frau geheiratet hatte. Colin nutzte James als Unterverwalter und war mit dem Ergebnis recht zufrieden.

Ob er von der zweiten, illegalen Pacht wusste, die James Stewart eintrieb und seinem Bruder und später auch seiner Schwägerin zukommen ließ, nachdem diese nach Frankreich geflohen war, steht auf einem anderen Blatt. Den Lords des Schatzamtes in Edinburgh erschien Colins Verhalten allerdings suspekt. Er wurde vorgeladen und aufgefordert härter gegen ehemalige Jakobiten vorzugehen, anstatt mit ihnen zusammenzuarbeiten oder ihnen Land zu verpachten. Er bekam einen offiziellen Tadel.

Das hatte auch einen negativen Effekt auf die Beziehung zwischen James und Colin. Der königliche Verwalter griff zu härteren Mitteln und beendete zuerst Ende 1750 James Pachtvertrag im Glen Duror und drohte ihm auch seinen Besitz in Auchindarroch zu kündigen.
Tief beleidigt verließ James Stewart Auchindarroch, bevor Colin ihm offiziell kündigte und zog nach Aucharn, was am anderen Ufer des River Duror lag.
Es gehörte zum Besitz von John Campbell of Airds, der ihm das großzügig angeboten hatte und damit James Lebensstandard aufrecht hielt.

Abb.32 - Ardchattan Priory, hier ist Colin Campbell beerdigt

Blick auf die Paps of Jura, davor die Insel Colonsay / ©Ursula Ritzmann

Balfour Bay auf Erraid/ ©Ursula Ritzmann

Blick auf Fionphort und die Klippen der Halbinsel Burgh auf Mull/ ©Ursula Ritzmann

Ein Stevenson Lighthouse Corran Narrows / ©Ursula Ritzmann

Strath Duror/ ©Ursula Ritzmann

Friedhof an der Keil Chapel/ ©Ursula Ritzmann

Blick auf Coalasnacoan/ ©Ursula Ritzmann

Blick auf die Berge von Mamore, von oberhalb der Schlucht von Corry nakiegh/ ©Ursula Ritzmann

Blick auf Auchindarroch/ ©Ursula Ritzmann

Im Glen Duror, unterhalb von James Stewarts Geburtsort/ ©Ursula Ritzmann

Unterhalb des Waldes von Lettermore mit Blick auf den Pap of Glen Coe und die Ballachulish Bridge / ©Ursula Ritzmann

Bothy an James Stewarts Geburtsplatz im Glen Duror / ©Ursula Ritzmann

Wasserfälle im Glen Coe/ ©Ursula Ritzmann

Die Kluft von Corrynakiegh/ ©Ursula Ritzmann

Loch Ossian mit Blick auf den Ben Alder/ ©Ursula Ritzmann

Moorholz am Loch Erricht / ©Ursula Ritzmann

Edinburgh Highstreet – einer der gemauerten Brunnen am ehemaligen Netherbowport / ©Ursula Ritzmann

Old Tolbooth in der Canongate Edinburgh/ ©Cornelia Heimer

Hafen von South Queensferry/ ©Ursula Ritzmann

Leuchtturm und das alte Gefängniss auf dem Bass Rock / ©Ursula Ritzmann

Blick auf die fernen Berge – mitten im Rannoch Moor/ ©Ursula Ritzmann

Loch Erricht mit dem Ben Alder / ©Ursula Ritzmann

Ardlarach Farm am Loch Rannoch / ©Ursula Ritzmann

Blick auf Bridge of Allan und die Berge der Trossachs/ ©Andreas Lange

Highlanddorf-Museum Newtonmore/ ©Ursula Ritzmann

Blick auf Edinburgh und die Burg / ©Cornelia Heimer

Im Hawes Inn South Queensferry / ©Ursula Ritzmann

Bass Rock in der Abendsonne / ©Ursula Ritzmann

Doch das Fass zum Überlaufen, in den Augen der Stewarts, brachte die Tatsache, dass Colin Campbell nahe Verwandte auf das nun freie Pachtland setzte. Stück für Stück fiel Land der Stewarts an die Campbells, eine bewährte Methode der Landübernahme.
Im Frühjahr 1752 gärte es mächtig in Appin. Besonders die jungen Adligen steckten die Köpfe zusammen. Man wollte nicht tatenlos zusehen, wie die Campbells immer mehr Land im Herzen von Appin in Besitz nahmen.
Das gipfelte am Ende in dem Mord an Colin Campbell und James Stewart bezahlte mit dem Leben dafür. Er wurde für den Mann gehängt, der geschossen hatte, für eine Tat, die er nicht begangen hatte. Geändert hat es am Ende nichts. Die Pächter mussten gehen und die Campbells machten sich über Jahrzehnte breit inmitten des Glen Duror. Am Ende regelte sich die Sache von selbst. Um 1760 herum verpachtete der neue Verwalter, der weder den Campbells, noch den Stewarts oder Jakobiten angehörte, Land an zwei jüngere Brüder des Lairds of Invernahyle und an Isobell Stewart, Ardshiels Witwe. Sie bekam das Glen Duror, James Stewart Auchindarroch und sein jüngerer Bruder Alan Achara. James baute das Farmhaus von Auchindarroch, so wie es heute noch dasteht und er begann, was man in den Highlands später die *Clearences* nannte.
Er war sich bewusst, dass das ständige Aufteilen wertvolles Ackerland verschlang und es unwirtschaftlich machte. Er kündigte seinen Unterpächtern und begann mit der Schafzucht. 1775 gipfelte das dann schließlich mit der Auswanderung vieler Leute aus den Glen Duror auf dem Schiff »Jupiter« nach Wilmington in North Carolina. Unter ihnen auch Alan Stewart of Invernahyle, der zuvor wie sein Bruder das Land, das sie bewirtschaftet hatten, an Ardshiels jüngeren Sohn John weiterreichte. Damit war die Vormachtstellung der Campbells gebrochen und spätestens, nachdem Duncan Stewart, ein weiterer Sohn Ardshiels aus Amerika zurückkam, war endgültig Schluss damit. Die Zeichen der Zeit hatten beendet, was James of the Glen mit legalen Mitteln verhindern wollte und der Mann in dem Hinterhalt im Wald von Lettermore mit Gewalt.[vii]
Wer er war, darüber zerbrechen sich viele Leute den Kopf und wurden Dutzende Bücher geschrieben. Ich will hier den Theorien, die im Umlauf sind, keine weitere hinzufügen. Dazu weiß ich zu wenig.

Ich persönlich glaube, dass es eine Verschwörung war, eben jener jungen Adligen. Allan Breck hatte seine Finger im Spiel, aber ich kann nicht glauben, dass er geschossen hat.

Was auch immer wirklich geschehen ist in Duror, in Appin oder im Wald von Lettermore, es ist eine herrliche Gegend, um zu wandern. Ich war hier mehrere Male unterwegs und einige schöne Strecken will ich kurz beschreiben.

Abb. 33: Blick über den Loch Linnhe nach Ardgour von Ardshiel aus

Die Erste, die ich vorstellen will, wanderte ich 2010. Sie führte mich von Kentallen zum Ardshiel House und von dort nach Cuil.

Kentallen zieht sich heute ein ganzes Stück entlang der Straße von Ballachulish nach Oban und hat ein schönes altes Bahnhofsgebäude und ein Hotel gleich daneben.

Die Bahnstrecke ist schon lange stillgelegt und am Ende der Bucht zweigt ein Fahrweg zum Ardshiel House ab. Es ist eine Privatstraße, aber für Fußgänger zugänglich.

Die Straße zieht sich entlang des, an dieser Stelle steil in die Bucht von Kentallen fallenden, Ardshiel Hill und führt um ihn herum. Man erreicht schließlich eine offene Fläche, Wiesen, von denen aus man einen schönen Blick über den Loch Linnhe nach Ardgour hat.

Man sieht viele alte Bäume, die typisch für ein Landhaus sind und Ardshiel House liegt versteckt dazwischen.

Das Haus, das heute dort steht, wurde von Charles Stewarts Sohn Duncan gebaut, der zu Beginn des amerikanischen Unabhängigkeitskrieges nach Schottland zurückkehrte und das Erbe seines Vaters antrat.

Es war eine Zeitlang ein nobles Country House Hotel. Aber auch das ist bereits Geschichte. Es wurde gerade renoviert, als ich im Juni 2010 dort vorbeikam.

Das heutige Ardshiel House liegt auf einem kleinen Felsrücken, der über den Wiesen thront. Am Rande des Ardshiel Hill führt die Straße weiter zu einem auf den Karten als Ardshiel Farm angegeben Ort. Es ist wirklich eine Farm, ein paar hübsche Häuschen, hinter denen der Weg weiterführt, immer unterhalb des Hügels, der dicht bewaldet ist. Der Wald, durch den der Pfad sich schlänget, war im Juni voll von wilden schottischen Primeln und den allgegenwärtigen, aber nicht minder schönen Bluebells oder Hasenglöckchen, auf Deutsch.

Die Bucht von Cuil ist ein idealer Badeplatz, obwohl es keinen Sandstrand gibt, sondern nur kleine Kiesel das Ufer bedecken. Aber nicht nur Urlauber schätzen diesen ruhigen Platz. Schon auf dem Weg vom Hügel herunter zum Strand fielen mir die vielen Graugänse auf, die auf einer Wiese saßen.

Als ich dann ein Stück die Bucht entlanglief, sah ich einen kleinen Teich und dort wimmelte es von Jungtieren. Es war quasi der Kindergarten der Gänse.

Ich wollte an dem Tag noch zur Keil Chapel, wo James of the Glen beerdigt ist und versucht zuerst an der Mündung des River Duror auf die andere Seite zu kommen. Doch das war vergebens. Also blieb mir nichts weiter übrig, als zur Hauptstraße zu laufen und die entlang bis nach Keil.

Das ist ein mühseliges Unterfangen. Die A828 ist eine vielbefahrene Straße und es gibt so gut wie keinen Bürgersteig. Ich hoffe, dass doch einmal das Geld übrig ist, den Rest der stillgelegten Bahnstrecke in Richtung Oban als Fahrradweg auszubauen, sodass man ausweichen kann.

Auch das Wetter war mir nicht hold, es regnete immer wieder und teilweise heftig. Als ich schließlich während eines solchen Gusses von der Straße weg in eine kleine Siedlung abbog, gab mir eine nette Frau den Tipp. Ich könnte durch ihren Garten auf den Fahrweg am Ufer des Loch

Linnhe gehen, der zur Keil Chapel führt. Ich war ihr unendlich dankbar dafür.

Abb. 34: Blick auf die Bucht von Cuil

2002 war ich das erste Mal auf den Friedhof mit meinem Freund Lachie Munro. Wir klopften damals am Keil House an, einem Herrenhaus aus viktorianischer Zeit, das entfernt an eine Burg erinnerte, und wurden über den Hof der Farm geleitetet, was es auch nicht leichter machte den sehr versteckt liegenden Friedhof zu finden.
Über Jahrhunderte begrub man hier die Appiner Stewarts und die Kapelle, von der nur noch die beiden Giebel und eine Mauer stehen, wurde wohl von dem berühmten irischen Mönch Columba gegründet, der Schottland christianisierte.
Gleich am Eingang des Friedhofes stolperte ich über ein Grab, das mir zu denken gab. Das eines gewissen Alan Stewart. Das war natürlich nicht Allan Breck, denn der starb in Frankreich. Damals dachte ich, es wäre Alan Stewart of Invernahyle, der jüngere Bruder von Alexander Stewart. Doch die Daten stimmen nicht mit dem überein, was ich von dem Mann weiß. Nun ja, am Ende muss man sagen, dass es wohl Alan Stewarts wie Sand am Meer in Appin gegeben hat. Nicht umsonst hatte jeder so einen Spitznamen in Gälisch, der ihn von den anderen Namensvettern unter-

schied. Das ist eine Tradition, die bis heute weiterlebt, besonders in Gegenden, in denen derselbe Name nicht selten ist. Ich habe eine Freundin, die in einer Tankstelle auf Skye arbeitete und ihre Kunden meistens nur mit den Spitznamen kannte, weil es zum Beispiel unendlich viele Donald Mac Donalds gab.

Abb.35: Gedenktafel über James Grab auf dem Friedhof der Keil Chapel

James Stewart ist an der nordwestlichen Giebelseite der Kapelle beerdigt. Eine Kupferplatte erinnert hier daran. Als ich 2010 dort war, musste ich auch daran denken, dass ich einen Nachfahren von James gefunden hatte, im *Word Wide Web*.
Michael Thomas Stewart lebt in San Diego, Kalifornien. Er glaubt, ein Nachfahre von James Sohn Charles zu sein.

Er kann es nicht zu hundert Prozent beweisen, aber durch Familienüberlieferungen und einen Gentest ist es so gut wie sicher. [viii]

Der Überlieferung nach siedelte Charles Stewart nach dem Tod seines Vaters nach Armagh, in Irland, über. Auch er brachte einige Monate im Gefängnis von Fort William zu. Ich habe mittlerweile eine weitere Variante im Web gefunden, die besagt, dass ein Onkel der Familie, der zur Zeit des Prozesses und der Exekution von James auf See war, die Familie mit nach Irland nahm.

Jener Onkel, der mit Vornamen John hieß, brachte die Familie nach dem Tod der Mutter, die kurz nach James starb über die Insel Arran nach Murlough an der irischen Ostküste im heutigen Nordirland. Der Earl of Antrim hörte von der misslichen Lage der Familie und bot ihnen an ein Stück Land, das frei war, in Benvan zu pachten. So wurden sie zu Pächtern der MacDonnell Familie in Irland.[ix]

Das die Nachfahren der Familie schließlich, wie viele Millionen Iren, nach Amerika emigrierten, ist nicht weiter verwunderlich und nachvollziehbar. Auf jeden Fall ist Michael verdammt stolz ein Nachfahre jenes Mannes zu sein, den James Hunter als den letzten aufrichtigen Clansman bezeichnete.

Auch James Stewarts Voraussage, das wenn er unschuldig sei, nie Gras auf seinem Grab wachsen würde, traf ein. Auf seinem Grab wächst kein Gras.

Mein Weg führte mich an diesem Tag wieder zurück nach Duror und zu James Haus in Aucharn. Der Steinhaufen, beziehungsweise die Mauerreste, die davon übrig sind, werden immer weniger, obwohl sich der Grundstückseigentümer alle Mühe gibt. Ein verfallendes Haus kann man nun einmal nicht konservieren.

Dennoch hat dieser Platz seinen Zauber nicht verloren, besonders weil er für mich noch immer mit Leben erfüllt ist.

Doch um Stevensons Helden aus »Entführt« weiter zu folgen, müssen wir jetzt Aucharn verlassen und uns in Richtung Glen Coe wenden.

Von Aucharn aus geht es zurück zu der asphaltierten Fahrstraße, die von der A828 abbiegt. Die führt bergauf und vor uns liegt Auchindarroch.

Das Farmhaus thront wie ein Adlernest auf den Hügel und überblickt das Strath Duror. Man folgt einfach den Wegweisern des »Last Clansman Trails«, der uns weiter ins Glen Duror führt.

Abb.36: Wegweiser in Duror – The Last Clansman Trail

ames of the Glens Geburtsplatz habe ich ja schon erwähnt und ihn zu finden ist nicht leicht. Als ich 1993 das erste Mal ins Glen Duror kam, aus der entgegengesetzten Richtung, hatte ich das Haus oben am Hang gar nicht gesehen. Was allerdings eher daran lag, dass hier damals noch Bäume standen. Und sie waren auch ein untrügliches Indiz, das schon gut siebzehn Jahre ins Land gegangen waren.

Von dem Forstweg, zu dem die Fahrstraße schließlich wird und der sich unendlich, stetig bergauf, zwischen den Fichtenmonokulturen entlang schlängelt, biegt dann ein Weg ab, der ebenfalls mit einem Hinweisschild gut markiert ist.

Es geht wieder bergan und mit meinem 13-Kilo-Rucksack war das kein Vergnügen. Doch während einer Pause entdeckte ich Mauerreste am Wegesrand entlang des kleinen Baches. Das könnte ein *Airigh*, eine Sommerweide gewesen sein.

Die Bothy, die Schutzhütte, die auf einer Lichtung am Berghang steht, ist dürftig eingerichtet, aber was brauch man schon als Bergwanderer. Auf jeden Fall war der kleine Kaminofen sehr nützlich und es gab jede Menge Holz in der Umgebung, mit dem man feuern konnte.

Ich verbrachte drei Nächte hier und es war eine herrliche Zeit. Ich konnte mir vorstellen, wie hart das Leben der Menschen hier war vor über zweihundert Jahren, als dieses Tal noch kein »Empty Glen« war.

Glen Coe

›Der Tag überraschte uns in einem erstaunlichen Tal, das mit Felsbrocken übersät und von einem schäumenden Fluss durchströmt war. Wilde Berge umschlossen es; hier wuchs weder Gras noch Baum; und seither habe ich mir oft überlegt, ob es wohl das Glencoe Tal gewesen ist, wo unter König Williams Regierung das Massaker stattgefunden hatte.‹ »Entführt«, Robert Louis Stevenson.

Abb. 37: Blick auf South Ballachulish – Laroch

Um vom Glen Duror ins Glen Coe zu gelangen, muss man eine beachtliche Strecke zurücklegen. Auf Stevensons Karte sind seine Helden nicht einfach das Glen Duror entlang, bis es in das *Gleann a Fhiodh* mündet, sondern haben einige Umwege über die Berge genommen.

Das ist eben dichterische Freiheit, denn bei Dunkelheit dort herumzuirren, stelle ich mir nicht leicht vor.

Mir haben jedenfalls die Berge von unten gereicht und die ausgetretenen Pfade, die auch nicht ohne sind, besonders wenn sie plötzlich verschwinden. Im Glen Duror gibt es ja noch gute Forststraßen, aber die enden dann plötzlich, und laut Karte schlängelt sich der Weg dann durch den Wald. Aber das sieht leichter aus, als es ist.

Die absolut hässliche Lärchenschonung ist kaum zu durchqueren. Man verliert den Weg zwar nicht aus den Augen, aber er versinkt einem wortwörtlich unter den Füßen. Die Gegend ist sehr moorig und umso mehr Leute den Weg nehmen, umso schlimmer wird es.

Abb.38- Fasnacloich House im Glen Creran

Ich habe mich zeitweise gefragt, ob im 18. Jahrhundert alle Wege in den Highlands so waren. Aber wenn man nachdenkt und weiß, dass solche Bergpfade oft die einzige Verbindung zwischen zwei Orten waren, muss man den Hut ziehen vor den Menschen von damals. Um meinen eigenen Roman zu schreiben, habe ich viel in einem weiteren Buch über den Mord in Appin recherchiert und ich war doch sehr erstaunt, welche Strecken Allan Breck so zurückgelegt hat. So hat er zum Beispiel einen

Freund, den Sohn des Lairds von Fasnacloich, am Wochenende vor dem Mord besucht. Fasnacloich House liegt im Glen Creran und das sind gut fünfzehn Kilometer von Aucharn, über die damaligen Bergpfade. Auf den heutigen Straßen noch ein paar mehr.

Ich bin die Strecke auch einmal gewandert und ich war fertig mit der Welt. Ich lief bis ins Strath Appin und nach Portnacroish, was dann schlappe sechsundzwanzig Kilometer waren. Ich hatte solche Blasen an den Füßen, dass ich danach jedes Mal glaubte, in kochendes Wasser zu steigen, wenn ich meine Schuhe anzog. Seitdem habe ich große Achtung vor solchen Entfernungen und pflege meine Füße gut. Dass ich solche Blasen damals hatte, lag an den falschen Socken und am Laufen auf der Straße.

Aber wenn man am Ende die Lärchenschonung hinter sich hat, auf dem Weg, den ich ins Glen Coe nahm, ist man froh. Aber es wird keinesfalls besser. Moorig ist es immer noch und zeitweise ist der Pfad schwer erodiert.

Der Boden in den Highlands ist mit den wenigen Ausnahmen, sehr anfällig für Bodenerosion. Muttererde gibt es kaum und unter der zumeist vorhandenen Torfschicht folgt gleich das Geröll, das die Geschiebemassen der Gletscher in der letzten Eiszeit hinterlassen haben. In solchen Geröllpfaden zu gehen ist schwer und im Sinne des Wortes halsbrecherisch.

Aber schön ist die Gegend auf jeden Fall, besonders wenn die Heide blüht. Auch im Juni, bei strahlendem Sonnenschein mit dem frischen Grün der Bäume und dem Farn, der sich langsam ausrollt.

An einem Cairn, einem großen Steinhaufen kreuzt sich schließlich der Weg. Zum Fluss hinunter führt er ins Glen Creran, dann rechter Hand den Hang hinauf zu einem Pass zwischen zwei felsigen Gipfeln. Linker Hand liegt der Ben Dearg, der westliche Gipfel des Ben a Bhethir Massivs.

Kurzzeitig verlor ich auf einer flachen, sumpfigen Strecke den Weg aus den Augen und folgte versehentlich einigen Schafstritten, eine Sache, die beim Wandern in Schottland öfters vorkommt und auch gefährlich werden kann. Auf Skye stand ich plötzlich an einer steilen Klippe, als ich besagtem Pfad folgte.

Aber einmal im *Gleann a Fhiodh* angekommen war das Laufen recht angenehm, wenn ich auch öfter Pausen machen musste wegen des schweren Rucksackes.

Es folgte dann noch eine etwas haarige Bachüberquerung. Haarig eigentlich nur wegen des schweren Rucksacks und weil man damit nicht wie ein junges Reh springen kann. Aber ich war am Ende froh, als South Ballachulish in Sicht kam.

Abb. 39 - Schieferarbeiter in Thüringen ca 1940

South Ballachulish hieß zu Zeiten des Mordes in Appin Laroch. Laroch war eine Zeitlang berühmt für seinen Schieferbruch. Bereits kurze Zeit nach dem Massaker von Glen Coe 1692 begann man mit dem Schieferabbau. Zahllose Dächer in Edinburgh und Glasgow sind damit gedeckt. Viele der, durch die landwirtschaftlichen Umwälzungen, vertrieben Pächter von Duror fanden hier Arbeit und Brot, als der Schieferabbau um 1790 expandierte.

Wie hart die Arbeit war, kann ich mir lebhaft vorstellen, denn mein eigener Großvater war Schieferarbeiter und in der Gegend, aus der ich stamme, ist der Schieferabbau eine weitverbreitete Industrie.

Heute ist der Schieferbruch stillgelegt und ein Wanderweg führt durch und um ihn herum.

Laroch, heute South Ballachulish genannt ist ein lebhaftes kleines Dorf, das ich schon oft besuchte. Hier trifft man auf die A82, die Hauptverbindungsstraße von Glasgow in die Highlands.

Zum Glück gibt es hier einen Gehweg, denn an dieser Straße, die man zu einer Autobahn umbauen will, könnte man sonst nicht laufen.

Bei gutem Wetter hat man von hier eine sehr schöne Aussicht auf den Pap of Glen Coe – auf Gälisch *Sgorr na Ciche* – wortwörtlich Brustspitze! Wenn man den Berg sieht, weiß man warum!

Rechter Hand liegt ein kleines Örtchen, auf den Karten als *Taigh Phuirt* ausgezeichnet. *Taigh-Phuirt* heißt Fährhaus und war der Name eines öffentlichen Gasthauses 1752. Ein älteres Steingebäude, an dessen Giebel der Name prangt, ist heute ein kleines Café und ein Souvenirladen. Es hat sicher nichts mit dem damaligen Etablissement zu tun und man muss sich das Ganze auch nicht als gemütlichen Pub vorstellen im 18. Jahrhundert.

Diese öffentlichen Gasthäuser waren damals sehr einfach und die Beschreibung die Stevenson in »Entführt« gibt, ist sicher für die Highlands typisch. ›*Das Gasthaus in Kinlochaline glich dem heruntergekommensten, verdreckten Koben, in dem jemals Schweine gehaust haben, voller Rauch, Ungeziefer und schweigsamer Hochländer ...*‹

Zum Glück ist das Café damit nicht zu vergleichen, es gibt sehr leckere hausgemachte Suppen und Kuchen dort.

Wo 1752 der Ort Carnoch lag, steht heute Glencoe Village. Ein Straßendorf mit einem sehr netten Museum. In dem Steincottage mit einem Dach, das mit Heide gedeckt ist und diversen Nebengebäuden kann man auch eine interessante Ausstellung zum Mord in Appin ansehen. Mittels Schaufensterpuppen ist hier die Szene aus »Entführt« dargestellt, in der David und Alan nach Aucharn kommen, mitten hinein ins Chaos, das der Mord verursacht hat, ins ›*Haus der Furcht*‹.

Durch den Ort führt eine Straße, die dem Verlauf der Military Road auf der rechten Seite des Tales folgt, über eine alte Bogenbrücke in ein landschaftlich sehr reizvolles Gebiet, eine Flussaue. Hier liegen zwei Hostels, die ich auch mehrmals als Basislager für diverse Wanderungen nutzte. Auf der anderen Seite des Tales, wo die vielbefahrene A82 verläuft, befindet sich das Besucherzentrum, das an das berühmt berüchtigte Massaker von Glen Coe erinnert, das am 13. Februar 1692 stattfand. Die Ereignisse wären im Dunst der Geschichte verschwunden, wenn die in den

Highlands heilige Gastfreundschaft dabei nicht so missbraucht worden wäre.

Abb. 40 - Blick ins Glen Coe von einem Hang unterhalb des Pap

Mac Iain, der Chief der Mac Donalds von Glencoe war zu spät zum Leisten seines Treueides gegenüber dem neuen König William of Orange gekommen. Die Regierung in London wollte ein Exempel statuieren, um den rebellischen Clans in den Highlands ein für alle Mal zu zeigen, wer der Herr im Lande war.

Unter dem Kommando von Robert Campbell of Glenlyon quartierten sich zwei Kompanien des Argyll Regimentes bei den Mac Donalds ein. Sie genossen die Gastfreundschaft der Leute und warteten auf weitere Befehle.

Ob sie dabei schon wussten, weshalb sie im Glen Coe waren, ist unklar und nur eine verschwindende Minderheit von ihnen waren wirklich Campbells.

Am 12. Februar brachte schließlich ein Captain den entscheidenden Brief. Glenlyon wurde befohlen jedes Mitglied des Clans der Mac Donalds von Glencoe unter 70 dem Schwert zu überantworten, was bedeutete, sie zu töten. Er sollte diesen Befehl fünf Uhr morgens am folgenden Tag ausführen. Mac Iain wurde getötet, als er aufstehen wollte und mit ihm fielen weitere 38 Männer. Weitere 40 Frauen und Kinder starben im

Schneesturm und auf der Flucht. Das Massaker schockierte damals weniger aufgrund der vergleichsweise geringen Zahl der Opfer, als vielmehr wegen des eklatanten Missbrauchs des Gastrechts durch die Campbells. Die Tat wird von vielen Schotten noch heute als Schandfleck in deren Clangeschichte betrachte. Die Erinnerung an das Massaker und die Fehde zwischen beiden Clans besteht teilweise bis heute.

Bis Ende des 20. Jahrhunderts hatte der, bei Bergsteigern beliebte Gasthof, »*Clachaig Inn*« im Glencoe, den Hinweis auf der Eingangstür: »*Zutritt für Hausierer und Campbells verboten*«. Generationen von schottischen Kindern lernen heute noch »*Never trust a Campbell* – traue nie einem Campbell«. [x]

Auch ich habe das Schild im *Clachaig Inn* schon bewundern können, ein Gasthof, der vielleicht schon 1752 hier stand. Weiter oben im Tal an der A28 sieht man noch weitere Mauerreste, die dem Ausmaß nach, ein größeres Haus gewesen sein musste.

Am Clachaig Inn führt die alte Straße nah an den Fluss, der hier ein Paradebeispiel für die Stelle zu sein scheint, an der Alan und David ihn in Stevensons Roman überquerten.

‚*Und damit lief er schneller als je zuvor zu einer Stelle, wo der Fluss in zwei Arme geteilt wurde. Das Wasser schoss mit solch unheimlichem Getöse hindurch, dass ich mich ganz flau im Magen fühlte; und über dem Sturzbach schwebte das feine Gespinst eines Wassernebels.*'

Obwohl die A82 durchs ganze Tal führt, ist es ein Mekka der Wanderer und Bergsteiger und auch ich wandere sehr gerne dort. Auf die Berge zu steigen liegt mir allerdings nicht, denn ich leide etwas unter Höhenangst. 2010 versuchte ich allerdings, trotzdem auf den Pap of Glen Coe zu steigen. Es sollte ein leichter Weg sein … Es ist ein leichter Weg, wenn man von dem erodierten Pfad und den zurückzulegenden Höhenmetern absieht. Doch leider kam ich nur bis zum Grat und konnte einen Blick in das Tal werfen, in dem sich Allan Breck verbarg und auch Stevenson seine Helden schickte, Corrynakiegh.

Wo sich der Felsen befand, auf dem sich David und Alan versteckten, habe ich bisher noch nicht herausgefunden. Der Weg den Stevenson die beiden schickte, um in das Versteck im Corrynakiegh zu kommen, ist doch sehr dichterische Freiheit.

Die *Aonach Eagach Ridge*, der Berggrat, der das Glen Coe in nördliche Richtung begrenzt ist, eine beliebte Strecke bei Bergwanderern.

Abb. 41 - Wasserfall im Glen Coe - das könnte die Stelle sein, die Stevenson beschrieb

Aber streckenweise muss man wirklich klettern und der Weg ist kaum so breit, dass man zwei Füße nebeneinandersetzen kann. Das bei Dunkelheit oder auch nur im Zwielicht einer fast taghellen Nacht im Juni zu laufen, wäre Selbstmord.
Ich habe auf jeden Fall einen anderen Weg genommen.

Corrynakiegh

›*So frühzeitig auch der Morgen in den ersten Julitagen anbricht, so war es doch noch dunkel, als wir unseren Bestimmungsort erreichten: eine Kluft in der Gipfelregion eines großen Berges, durch den sich ein Fluss schlängelte und auf deren einer Seite die Öffnung einer kleinen Felsenhöhle gähnte. Dort grünte ein lichtes, schönes Birkengehölz, das langsam in einen Kiefernwald überging. Der Bach stand voller Forellen, im Wald tummelten sich Ringeltauben und an der unbewachsenen Bergseite rief der Brachvogel und der Kuckuck war kein seltener Gast. Vom Eingang der Kluft blickten wir auf einen Teil von Mamore hinunter und auf den Meeresarm, der dieses Land von Appin trennte; und dies alles aus solcher Höhe, dass es mir zur Quelle fortdauernden Erstaunens und Vergnügens wurde, dazusitzen und hinabzuschauen. Der Name der Kluft lautet: »die Schlucht von Corrynakiegh«.*‹ »Entführt«, Robert Louis Stevenson.

Abb.42 - Blick auf den Loch Leven von unterhalb des Pap of Glen Coe

Der Weg nach Corrynakiegh führt vorbei an einem Anwesen, das einem gewissen Sir Donald Alexander Smith gehörte, dem späteren Lord Strathcona, einem Mann, der sein Vermögen mit der Hudson Bay Companie gemacht hatte. 1899 baute er hier ein Herrenhaus, *Glencoe House* genannt. Es diente eine ganze Weile als Krankenhaus und steht seit 2009 leer.

Smith legte einen schönen Park mit See an, zu Ehren seiner Frau, die großes Heimweh nach Kanada hatte. Man kommt sich in dem öffentlich zugänglichen Park - Forest Trail genannt - auch zeitweise, wie in Kanada vor, besonders angesichts der Douglas Kiefern und Mammutbäume die gut 100 Jahre alt sind.

Leider hat auch hier ein die Forest Commision gehaust und zum Abtransport von geschlagenen Bäumen eine Forststraße in den Berg gebaggert, die mitten durch den auf den Karten eingezeichneten Pfad verläuft.

2002 verlief ich mich ein wenig und 2006 nahm ich absichtlich den Weg über den Forest Trail und den *Lochan* genannten See. Nach einiger müheseliger Kletterei durch jungen Wald und Heide habe ich schließlich den eingezeichneten Weg gefunden, der sich unterhalb des Gipfels des Pap entlang schlängelt. Wieder ein ausgetretener, teilweise schlammiger oder mit losem Geröll bedeckter Weg.

Man hat von hier einen atemberaubenden Blick über die Bucht von Leven mit den kleinen Inseln darin, unter ihnen die *Eilean Mundi*, auf der die Mac Donalds von Glen Coe begraben liegen.

Es ist wahrscheinlich, dass Allan Breck diesen Weg nahm, nachdem er am späten Abend des 14. Mai in Carnoch bei Lady Mac Donald auftauchte, der Witwe des Clanchiefs, die eine Halbschwester von James of the Glen war, genauso wie Helen Cameron, die Witwe von Alan Cameron of Callert, dessen Anwesen auch von Glenure verwaltet wurde.

Callert House kann man von hier oben auch sehen, leider war ich noch nicht dort. Aber ich habe Fotos gesehen, die es in einem üblen Zustand zeigen. Wie so mancher Herrensitz in den Highlands ist er dem Verfall anheimgefallen.

Der steinige Weg entlang des Loch Leven geht stetig bergab und trifft dann auf die Straße, die A 863, die weiter in Richtung Caolasnacon führt.

Den Ort, besser die kleine Farm sieht man schon von weiten. Ein merkwürdiger Felsbuckel, der weit in das Wasser der Bucht hineinragt, ist der

Wegweiser. Ein Zeltplatz ist heute dort und man kann die Reihen der Wohnwagen und Zelte sehen.

1752 war das ein Clachan wie Aucharn, und John Don Mac Coll lebte dort als *Bouman*. Ein *Bouman* ist eine Art Unterverwalter oder Farmpächter. Er tat das im Dienste von Dougal Stewart, dem Chief der Appiner Stewarts.

Leider spielte John Don eine sehr negative Rolle im Prozess gegen James of the Glen. Ohne seine Mithilfe wäre es den Campbells nicht gelungen, eine hieb- und stichfeste Anklage gegen James zu konstruieren.

Aber der arme Mann tat das nicht unbedingt freiwillig und wurde von beiden Seiten unter Druck gesetzt.

Abb. 43 - Blick auf den oberen Teil der Schlucht von Corrynakiegh

Er beherbergte Allan Breck nicht direkt, versorgte ihn aber mit Proviant und half ihm mit James in Verbindung zu treten. Das allein hätte ihn schon nach Fort William befördert, als die Campbells davon Wind bekamen. Doch er verstrickte sich in widersprüchliche Aussagen, die am Ende auch die Stewarts gegen ihn aufbrachten, die ihm mit dem Tode drohten, sodass er sich in Schutzhaft nehmen ließ.

Oberhalb von Caolasnacon befindet sich die von Stevenson bezeichnete Kluft von Corrynakiegh, in Gälisch *Coire na Ciche*.

Auf der Nordwestseite des Pap of Glen Coe fließen drei Bachläufe den Berghang hinunter und haben am unteren Ende eine tiefe Schlucht gegraben, die von der Bucht aus nicht einsehbar ist.

Selbst von der Straße aus, die heute am Loch Leven entlangführt, ist sie nicht zu sehen. Man kann sie nur finden, wenn man sich auf der Karte die Brücke über den *Allt Coire na Ciche* sucht und auf der Westseite ein Stück nach oben klettert. Dann erreicht man eine Stelle, wo man in die Kluft hineinsehen kann.

Ich zweifle allerdings, dass es das Versteck Allan Brecks war, denn einmal in der Schlucht, war man auch in ihr gefangen. Weiter oberhalb hat man wenigstens ein wenig Übersicht und kann schnell in die Berge verschwinden, sollten Soldaten kommen. Doch dieses Versteck sieht man nicht, nur wenn man den Hügel weiter nach oben steigt.

Allan Breck verbarg sich hier bis zum Morgen des 18 Mai, also drei Tage und wartete darauf, dass ihm sein Ziehvater die mühevoll zusammengeborgten fünf Guineas zukommen ließ. Sein Cousin Alexander Stewart, ein Hausierer, brachte sie nach Coalasnacon, zusammen mit seiner französischen Uniform.

Er übergab ihm das nicht persönlich, sondern John Don Mac Coll, da er zu müde war nach einem langen Marsch von Fort William nach Aucharn und dann über Nacht durchs Gleann a' Fhiodh bis an den Loch Leven.

Allan holte am Abend des 17. Mai das Geld bei dem Farmer ab, das mit so viel Mühe und Risiko von seinem Ziehvater raufgebracht worden war. Sein Kommentar dazu war, dass er bitter enttäuscht sei, dass James, von dem er an diesem Abend wusste, dass er verhaftet worden war, ihm nur so wenig Geld geschickt hatte. Mit mehr Dankbarkeit nahm er allerdings John Dons Angebot an etwas zu Trinken, Milch verdünnt mit Wasser und verschwand dann in der Dunkelheit.

Am nächsten Morgen fand der *Bouman* dann die Kleidung, die Allan von seinem Ziehvater James geborgt hatte unter der Wurzel einer Kiefer. [xi]
Mein Freund Lachie hat einmal versucht, die von Stevenson beschriebene Höhle weiter oben am Hang zu suchen, stürzte dabei jedoch schwer. Das war für mich eine Warnung, sodass ich nur ein Stück hinaufkletterte, entlang eines Wasserlaufes, der über kleine Wasserfälle und Teiche abfließt.
Die Heide war hier fast hüfthoch und dazwischen fand ich die Stümpfe von Nadelbäumen. Also musste es da auch einmal Kiefern gegeben haben.
2006 stellte ich dann fest, dass mittlerweile keine Schafe mehr auf die Hänge grasten und man aufforstet, und zwar mit natürlich wachsenden Bäumen, Erlen, Kiefern, Eichen und Birken. Man hat also die Zeichen der Zeit verstanden.
In den kleinen Teichen, die sich an dem Bachlauf gebildet hatten, konnte man sich gut vorstellen, auch Forellen zu fangen. Ich habe keine gesehen, was aber nichts heißen will, denn ich beherrsche auch nicht die Kunst des Fischens mit der bloßen Hand.

Abb. 44 - Blick auf das Rannoch Moor bei Kingshouse Hotel

Rannoch Moor

›Als der Nebel stieg und sich auflöste, konnten wir das Land erkennen, das öde wie ein See dalag; nur das Moorhuhn und die Kiebitze schrien darüber hin und weit im Osten bewegten sich die kleinen Punkte eines Hirschrudels. Heide bedeckte große Flächen des Moores, andere Stellen wurden von Sümpfen, moorigen Brüchen und torfigen Tümpeln durchzogen; einige hatte das Heidefeuer schwarz verkohlt; und anderswo ragte ein ganzer Wald abgestorbener Föhren wie Gerippe empor. Eine trostlosere Einöde hatte nie eines Menschen Auge gesehen; aber immerhin war der Ort frei von Soldaten und darauf kam es uns ja nur an.‹ »Entführt«, Robert Louis Stevenson.

Abb. 45: Nahaufnahme eines Moortümpels – gefährliche Schönheit

Das Rannoch Moor ist eine der beeindrucktesten Landschaften Europas und ich habe schon viele Gesichter davon gesehen. Das erste Mal konnte ich ein Auge darauf werfen, als ich 1993 von einer Autofahrerin mitgenommen wurde, die mich und meine Tochter bis nach Crianlarich brachte.

Noch heute höre ich das Lied von Capercaillie, der erste Kontakt zu moderner gälischer Musik, als wir durchs Glen Coe fuhren, die Straße sich bergauf schraubte und schließlich die offene Fläche des Moores erreichte. Es ist atemberaubend einsam, trotz der Straße, die hindurchführt.

Das Rannoch Moor umfasst eine Fläche von ca. 130 Quadratkilometern auf eine Höhe von ungefähr dreihundert Metern, umgeben von Bergen, die an die tausend Meter hoch sind. Es hat - grob gesehen - eine dreieckige Form. Die westliche Ecke des Dreiecks wird durch das östliche Ufer des Loch Rannoch markiert. Als Südspitze des Rannoch Moors gilt allgemein Loch Tulla. Die östliche Ecke befindet sich am westlichen Ausgang des Glen Coe. [xii]

Es wurde von einem gigantischen Gletscher vor etwa 20.000 Jahren gebildet, der sich ostwärts bewegte. Seine Hinterlassenschaften in Form von Geröll und Findlingen findet man überall. Ansonsten ist das Moor durchzogen von vielen kleinen Wasserläufen, Seen, Moortümpeln und Torfmoorflächen.

Landwirtschaftlich genutzt werden kann das Moor nicht, deshalb blieb es über Jahrhunderte bis heute unberührt.

Erst Ende des 19. Jahrhunderts wurde eine Eisenbahnlinie gebaut, die von Südost nach Nord verläuft. Es dauerte fünf Jahre sie zu bauen und die Arbeiter und Konstrukteure standen vor fast nicht zu bewältigenden Schwierigkeiten. Um zu verhindern, dass die Strecke im Moor versank, wurde ein Bett aus Tonnen von Holz, Schlacke und Erde eingebracht. Wo das nicht möglich war, baute man Viadukte, wie zum Beispiel in der Nähe der Rannoch Station. Das Moor ist hier fast sieben Meter tief und verschluckte alles, was man hineinwarf. Man kam so langsam voran, dass die Baufirma pleiteging und einer der Direktoren sein Privatvermögen einbrachte, um es zu Ende zu bringen. [xiii]

Die Fernverkehrsstraße A82 verläuft von Süden nach Norden hindurch.

1752 war der einzige Verbindungsweg, die um 1730 entstandene *Military Road*, auf deren Verlauf man teilweise auch wandern kann. Es ist der berühmte *West Highland Way*, der von Glasgow nach Fort William führt.

Ich bin ihn selbst noch nicht gelaufen, nur Teilstrecken davon, wie zum Beispiel in der Nähe von Kinlochleven. Es ist erstaunlich wie man im 18. Jahrhundert, mit wirklich primitiven Mitteln diese Straßen baute, denn es gab damals nur Viehtreiberpfade in den Highlands. Die waren sehr gefährlich, besonders wegen der Überquerung von Flüssen und Bächen, die nach starken Regenfällen oder im Frühjahr nach der Schneeschmelze sehr tückisch werden konnten. Auf dem *West Highland Way* bei Kinlochleven kann man noch die Spuren der Spitzhacken erkennen, mit denen die Soldaten den Felsen bearbeiteten.

In seinem Buch ließ Stevenson seine Helden quasi auf den Bergen, die das Glen Coe umgeben entlanglaufen, um an deren Ende das Moor zu erreichen. Keine schlechte Idee, denn sofort nach dem Mord und mit Bekanntwerden, wen man für den Schützen hielt, sperrten die Campbells mithilfe des Militärs alles ab. Besonders weil man wusste, dass sich Allan Breck gewöhnlicherweise in Richtung Rannoch absetzten würde.

Abb. 46: - Blick auf die Berge um Kinlochleven herum und auf den Damm des Pumpspeicherwerkes

Rotröcke, die im Kingshouse einquartiert waren, heute ein Hotel - damals ein Gasthaus, durchkämmten das Moor systematisch. Also war ein etwas erhöhter Punkt immer von Vorteil, denn man konnte sehen, wer kam.

Die gepunktete Linie auf Stevensons Originalkarte führt entlang des Black Water Reservoirs, das um 1900 gebaut wurde, um Brauchwasser und Energie für das Aluminiumwerk in Kinlochleven zu liefern. Der Aluminiumschmelzer ist zum Glück für die Umwelt, schon lange geschlossen. Weniger glücklich waren darüber die Einwohner von Kinlochleven, die von der Fabrik lebten.

Teile des Werkes stehen aber noch und werden zu touristischen Zwecken genutzt. Ein Outdoorzentrum befindet sich jetzt dort, wo man in einer Halle Klettern üben kann und sogar eine Eiswand zur Verfügung steht.
Man kann noch die mächtigen Fallrohre und Pumpspeicher oberhalb von Kinlochleven sehen, die sich besonders entlang des unteren Teiles des dort verlaufenden West Highland Ways befinden. Es gibt auch einen Wanderweg hinauf zum Speicher auf dem Berg und zum Damm, was dem Weg auf Stevensons Karte entspricht.
Kinlochleven war auch für mich der Ausgangspunkt für mehrere Wandertouren auf den Spuren Stevensons und seiner Helden.
Man kann in Kinlochleven eine Broschüre mit diversen Wanderungen rund um den Ort kaufen und eine der gut ausgeschilderten Touren führt auf einen sogenannten *Public Footpath*, der einem alten Bergpfad folgt und einer Viehtreiber Route.
Es geht vorbei an einem Wasserfall, dem *Gray Mares Fall*, der so von König Edward den VII genannt wurde. Der Pfad führt steil bergauf, auf einem grauenvoll erodierten Weg, bis man schließlich eine ebenere Stelle erreicht. Von hier hat man eine großartige Aussicht. Sie ist, allerdings noch ein Stück höher gefilmt, in der Anfangssequenz von Rob Roy zu sehen.
Folgt man dem Weg weiter, der schließlich auf eine Schotterstraße trifft, gelangt man zum Loch Eilde More. An den Bergen kann man schmale Pfade erkennen, die zu zwei Munros führen. Munros sind Berge von der Höhe über 3000 ft. - 914,4 Metern. Die Bezeichnung geht auf Sir Hugh Munro zurück, der 1891 erstmals seine »*Tables of the 3000 ft. Mountains of Scotland*« herausgab.
Der Schotterweg führt weiter hinein in die Wildnis und trifft schließlich auf einen Weg, der aus dem Glen Nevis kommt, und führt weiter zum Loch Treig.
Auch der Weg, den ich letztendlich auf den Spuren David Balfours und Alan Brecks nahm, endet am Loch Treig.
Startpunkt war das Black-Water Hostel, ein gemütliches Haus neben dem ehemaligen Fabrikgelände des Aluminiumwerkes. Es hat auch einen Zeltplatz zu bieten, sollte man keinen Platz im Hostel bekommen. Das ist nicht selten, weil Kinlochleven ein Zielpunkt des West Highland Ways ist.
Auf der anderen Seite des Flusses führt ein gut instand gehaltener Pfad zum Black Water Damm.

Es lässt sich leicht laufen, obwohl es kontinuierlich auf und ab geht. Die Gegend ist herrlich, überall natürlicher, lichter Laubwald, im Juni voller *Bluebells*. Ganz am Anfang kommt man, gut eineinhalb Kilometer oberhalb von Kinlochleven, zu einer Holzbrücke, die einen tief eingegrabenen Wasserlauf überspannt.

Rechter Hand davon kann man querfeldein zum River Leven gehen und dort mehrere Wasserfälle ansehen. Ein Plätzchen zum Rastmachen und entspannen, wenn einem nicht die in Schottland lästigen Mücken, *Midgies* genannt, zusetzen. Man nennt sie auch die graue Highlandarmee und sicher hat sie auch die Rotröcke im 18. Jahrhundert gequält.

Diese lieben Tierchen sind echt eine Plage und nicht mit den uns bekannten Mücken zu vergleichen. Sie haben nur die Größe von Obstfliegen und dringen in jede zugängliche Körperöffnung ein, Augen, Ohren, Nase und ihre Stiche jucken fürchterlich.

Als einziger Schutz hilft dichte Kleidung, der Rauch einer Zigarette oder Wind. Chemische Keulen deutscher Breitengrade wie »Autan« helfen nur wenig. Wirksamer ist ein Mittel aus der *Avon* Kosmetik Serie, welches »*Skin so soft*« heißt und Sprays und Cremes die einen Wirkstoff der Pflanze Gagelstrauch oder Sumpfmyrte genannt – in Schottland nennt man sie *Bog Myrtle* – enthalten. »*Skin so soft*« ist eine ölige Feuchtigkeitslotion auf der die Midgies gelinde gesagt ausrutschen, oder nicht in die Haut stechen können. Bog Myrtle hält einem die Plagegeister etwas längerfristig vom Leib, riecht aber nicht so gut. Wind ist jedoch das beste Mittel und den gibt es in Schottland ja mehr als genug.

Doch zurück zum Pfad entlang des River Leven. Er führt bis hinauf zum Black Water Damm, der den natürlichen Aufstau einer Reihe von Seen verstärkte, die es dort gegeben hatte.

Breite Felsbänder stauen heute nur unterhalb davon zwei auf, und machen deutlich, wie der Rest einmal aussah. Oben am Damm angekommen eröffnet sich der Blick auf das Moort. In der Ferne, im blauen Dunst eines Juninachmittags, konnte ich die fernen Berge, die den Loch Rannoch umgeben erkennen.

Der Damm ist 914 Meter lang und 27 Meter hoch und wurde ohne die Hilfe von großen Maschinen gebaut. Ein Meisterwerk der Ingenieur und Baukunst.

Allan Brecks Fluchtroute ging hier sicher gerade aus, entlang der jetzt gefluteten Seen und des ehemaligen Flusslaufes, des Black Waters oder, um nicht gesehen zu werden, an den Hängen der Berge, die sich hier auftürmen.

Abb. 47 - In der Nähe der Loch Chiarain Bothy

Ich nahm einen alten Viehtreiberweg, der von Spean Bridge, in der Nähe von Fort William, zum Loch Treig in Richtung Black Water und zum ehemaligen Kingshouse Inn am Eingang zum Glen Coe führte. Doch dem Pfad entlang des Stausees zu folgen war schwierig. Man merkte, dass man auf dem Moor war. Der Weg verdreifacht sich in solcher Umgebung gern einmal, weil man ständig irgendwelchen zu nass gewordenen, moorigen Stellen ausweichen muss. Zu meinem eigenen Erstaunen fand ich sogar Spuren eines Quads, das sich hier durch die Landschaft gekämpft hatte.
Eine gute Karte ist auf jeden Fall von Nöten, wenn man sich hier nicht verlaufen will. Doch trotzdem zog sich der Weg unendlich lang hin und der ferne Berg, den ich erreichen musste bis zum Abend, schien nicht näher zu kommen.
Als schließlich die *Loch Chiarain Bothy* endlich auftauchte, an dem gleichnamigen kleinen See, war ich erleichtert. Noch nie habe ich mich so sehr über ein Haus gefreut, ein Haus mitten im Nirgendwo.

Die Bothy macht von außen einen guten Eindruck, innen ist aber recht spärlich eingerichtet und der Mangel an Brennmaterialien ist natürlich auch ein Manko.

Hätte ich das gewusst, hätte ich von Kinlochleven herauf etwas Holz gesammelt oder auf dem Moor, das berühmte Moor Holz. Das sind Überreste von Bäumen, die im Morast versunken sind, denn einstmals bedeckten dichte Wälder aus kaledonischen Kiefern das Gebiet.

Doch auch so war ich froh, über dieses Dach über den Kopf und das ich nicht, wie David und Alan oder meine Helden, unter freiem Himmel schlafen musste.

Unter dem Dach war es an dem warmen Frühsommertag gemütlich und das Schieferdach speicherte die Wärme eine Weile. Als ich mich dann schließlich schlafen legte, ließ der Wind die Schiefer klappern, was für mich eine sehr vertraute Melodie war. Es weckte Erinnerungen an das Haus meiner Eltern in Thüringen.

Dann hatte ich am frühen Morgen, als ich dem Ruf der Natur folgte, noch eine Begegnung der dritten Art. als ich vor die Tür trat, stob vor mir eine ganze Herde Hirsche davon, die gerade um die Hütte herum grasten. Ich hatte noch nie so nah, so viele Hirsche in freier Natur gesehen. Ich hatte schon gehört und gelesen, dass es jede Menge Rotwild in den Highlands geben soll, aber gesehen habe ich bisher nur sehr wenige.

Am nächsten Morgen ging es dann an den zweiten Teil meiner Moorüberquerung und der Wettergott war mir hold. Ich folgte dem linken Ufer des kleinen Sees weiter einem Pfad, der sogar auf den Satellitenaufnahmen von *Google* zu erkennen ist. Er ist nicht zu verfehlen, sehr erodiert und zeitweise moorig, wie alle Pfade in den schottischen Highlands. Und er zog sich unendlich lang hin …

Am Ende war ich froh dann den Loch Treig zu sehen. Doch hinzukommen war immer noch ein gutes Stück Weg, dieses Mal zum Glück bergab.

Unten angekommen füllte ich erst einmal meine Wasserflasche auf und wollte mich ausruhen. Doch allzu lange hielt die Ruhe nicht an. Inmitten der tiefsten Wildnis in Schottland, weit weg von großen Straßen, tauchten auf einmal mehrere Landrover auf, welche die noble Gesellschaft zahlender Gäste aus der *Corrour Lodge* am Loch Ossian zum zünftigen Fischen brachten.

Ich ließ mich nicht weiter stören und setzte meinen Weg dann fort, der mich auf einer Schotterstraße erst einmal wieder auf die Höhe des Moores brachte, dessen östliches Ende ich ansteuerte am Loch Ossian.
Es war ein mühevolles Laufen mit einem 12-Kilo-Rucksack und die Pausen wurden immer länger.
Ich unterquere die Bahnlinie, die hier weiter entlang des Loch Treig nach Fort William führt. Endlich am höchsten Punkt angelangt konnte ich wieder über die Weite des Moores blicken. Corrour Station, eine der zwei Haltepunkte der Bahnlinie, lag vor mir und zahllose Wasserflächen blinkten in der Sonne. Im Nordwesten konnte man die Berge sehen, unter ihnen Großbritanniens höchsten Berg, den Ben Nevis.

Abb. 48 - Blick über das Rannoch Moor auf den Black Water Stausee und die Berge von Glen Coe

Es war ein herrlicher, sonniger klarer Tag, ideal zum Wandern, ideal um das Moor zu überqueren.
Doch auch ich habe schon andere gesehen. Tage, an denen es im September bitterkalt war und ein Regenschauer nach dem andern herunterkam. Im Oktober, als es genauso regnete, man keine Fernsicht hatte und es am Abend plötzlich aufklarte. Urplötzlich konnte man die schneebe-

deckten Berge sehen, glitzerten Regentropfen im Gras, wie tausend Diamanten und die Sonne, die sich im Loch Laidon spiegelte.

Rannoch Moor hat viele Gesichter und ist ein gefährlicher Ort, wenn man sich nicht auskennt. Welches Wetter am 18. Mai herrschte, als Allan Breck das Moor überquerte, ungesehen von den Patrouillen der Rotröcke, ist nicht überliefert. Aber das wäre auch nicht von großer Bedeutung gewesen, denn Allan kannte den Weg, jeden Stein, jedes Moorloch und jeden Bachlauf, denn er war hier groß geworden.

Ich hielt mich an Karten und nach einer Nacht in der abgelegenen Jugendherberge am Loch Ossian, die Strom mit einem Windrad produziert und nur Plumpsklos hat, machte ich mich auf den Weg zum Loch Rannoch. Wieder einem alten Viehtreiberweg folgend, der als *Public Footpath* am östlichen Saum des Moores entlang in Richtung Süden führt.

Wieder überraschte mich die Weite, Leere und vor allen Dingen die Stille des Moores. Kaum ein Vogel war zu hören, etwas was beängstigend ist, weil man es nicht von Schottland kennt. Sonst hört man ständig die allgegenwärtigen Wasservögel, Möwen, Brachvögel oder Austernfischer rufen. ‚*…Blows the wind and sun and rain are flying; blows the wind on the moor today and now…*' schrieb einst Robert Louis Stevenson, krank vor Heimweh auf Samoa. Etwas was man schwerlich auf Deutsch übersetzen kann, will man nicht die Wirkung der Worte zerstören.

Der Weg, den ich nahm, war breit, halbwegs gut erhalten, bis auf einige Brücken, die zusammengebrochen waren. Es ist ein alter Verbindungsweg zur *Old Corrour Lodge*, deren Ruine ich passierte. Anfänglich ging es leicht bergan, dann stetig bergab, bis ich den *Allt Eigheach* einen wilden Bachlauf erreichte, über den es Gott sei Dank eine Brücke gab.

Von hier an führte ein Schotterweg zur Teerstraße, die Rannoch Station mit dem Loch Rannoch verband.

Hatte ich 2002 im Oktober Schnee und Regen gegen mich, so waren es an diesem Tag drückende Hitze und drohende Gewitter, denen ich nicht unter einer Hochspannungsleitung beggnen wollte. Also trabte ich noch etwa einen Kilometer bis zur Rannoch Station, um wenigstens ein Dach über dem Kopf zu haben.

Loch Rannoch

>*Im Schutze der Nacht wurden Alan und ich über den Loch Errocht gesetzt und wir gingen an seinem Ostufer entlang zu einem anderen Schlupfwinkel am Ende des Loch Rannoch, dabei diente uns einer der Knechte Clunys als Führer.‹* »Entführt«, Robert Louis Stevenson.

Abb. 4 - Blick auf den Loch Erricht und den Ben Alder

Ich war 2002 das erste Mal am Loch Rannoch. Von Glen Coe aus, als meiner Basisstation, fuhr ich mit dem Bus bis Bridge of Orchy, im 18. Jahrhundert ein Sammelpunkt der Viehtreiber, die aus Norden kommend hier Rast machten. Es gab auch einen Viehtreiber Weg, der teilweise der Bahnlinie folgt in Richtung Rannoch Moor.
Ich nahm natürlich die Bahn, denn damals wusste ich noch nichts von alten Viehtreiberwegen, die jetzt *Public Footpaths* sind.
Ich kam ganz gut an der Rannoch Station an, wenn auch das Wetter nicht gerade anheimelnd war. Es regnete und auf der Höhe des Moores schneite es sogar leicht. Die Sicht war gleich null, aber ich konnte trotzdem erahnen, welche Mühe es gekostet hatte vor über 100 Jahren diese Bahnstrecke zu bauen.

Dann ging es mit dem Postbus weiter, wobei der Fahrer doch etwas erstaunt über die Angabe meines Ziels war, die Farm Ardlarach. Er hielt mich wohl für einen Anverwandten des Besitzers.

Die Fahrt ging die schmale Straße hinunter zum See, die dann auch mein Rückweg zu Fuß sein sollte, schlappe 12 Kilometer. Sie folgt dem River Gaur, der bei dem Regen ein richtiges Wildwasser war, mit einem kurzen Zwischenstopp am Staudamm des Loch Eigheach.

Als mich der Fahrer an besagter Farm dann herausließ, war ich doch etwas unsicher, ob ich da wirklich hingehen sollte. Die Farmgebäude sahen nicht alt aus und ich zweifelte, dass der Ort mehr als den Namen gemeinsam hatte, mit dem Platz zu dem Allan Breck am 18. Mai von Corrynakiegh aus aufbrach.

Bevor es dunkel wurde, erreichte Allan damals Ardlarach, wo Alan Cameron, sein Onkel mütterlicherseits - kaum fünf Jahre älter als er und Witwer, lebte.

Warum soll es uns an Beute mangeln, wenn die Lowlander Vieh haben ...«, heißt es in einem Lied aus der Gegend von Rannoch. Vertreter der Regierung sahen das anders.

»Rannoch liegt in der Mitte des Hochlandes, es ist ein weites, wildes Berggebiet und es gab kaum einen Mann in dem Gebiet, der nicht stahl oder anderweitig raubte. Es war ein beliebter Treffpunkt von Dieben und gestohlenem Vieh ...«, heißt es in historischen Quellen.

Für einen Flüchtigen wie Allan Breck konnte es keinen besseren Ort geben. Es war für ihn das beste Versteck, bewohnt von Schmugglern, Viehdieben und anderen Gesetzesbrechern, vergleichbar mit den Orten im Wilden Westen der USA im 19. Jahrhundert. Obwohl die Garnison der Rotröcke die *Brae Rannoch Baracks*, keinen zwei Meilen entfernt am andern Ufer des River Gaur lag, lief er hier nicht Gefahr gefasst zu werden. Als ein Gesetzloser auf der Suche nach einer Waffe, trotz der *Disarming Act* der Regierung, konnte er sie hier leicht erwerben. Während der wenigen Tage, die Allan hier verbrachte, investierte er etwas von James fünf Guineen in eine solche.

Als er wieder gesichtet wurde in Innerhadden, das am östlichen Ende des Loch Rannoch liegt, hatte er eine Pistole, die er in einem Halfter unter dem Arm trug.

Abb. 50 - Ardlarach Farm am Loch Rannoch

Von Ardlarach bis dorthin sind es gut 10 Meilen und ein Reisender des 18. Jahrhundertes hatte von dort aus, genauso wie heute, die Wahl von verschiedenen Routen. Einmal in Richtung Norden, nach Inverness oder in den Süden nach Perth und weiter nach Edinburgh. Oder nach Osten in Richtung Pitlochry, was am Ende die direkte Route zu Schottlands Nordseehäfen war, der einzige Weg um außer Landes zu kommen, denn nichts anderes hatte Allan im Sinn. Doch welche Strecke er genommen hat und wie er am Ende nach Frankreich kam, bleibt für immer und ewig ein Geheimnis der Geschichte.

Sein Auftauchen in Innerhadden war die letzte offizielle Sichtung im Königreich Großbritannien gewesen. [xiv]

2002 stand ich am Nordufer des Loch Rannoch und zweifelte, ob ich es wagen sollte, auf die Farm zu gehen. Ich wurde schließlich recht mutig und lief den Weg von der Straße aus nach oben.

Ardlarach liegt unmittelbar neben den Fallrohren eines Pumpspeicherwerkes. Es ist eine typische Schaffarm, aber auf den Wiesen entdeckte ich noch Reste von Gebäuden.

Die Farm, so wie sie heute steht, ist nicht viel älter als 100 Jahre und hat nichts gemeinsam, jedenfalls der Erscheinung nach mit dem Zuhause von Allan Brecks Onkel.

Als ich so über den Hof schlich, der zum Glück nicht von einem der so typischen Border Collies bewacht wurde, traf ich auf einen Mann, der dort an einer Maschine schraubte. Im ersten Moment war ich sprachlos, den der kleine, lebhafte Mann mit grauem Haar und grauem Bart, sonnengebräuntem Gesicht und tiefbraunen Augen, sah dem Schauspieler, der in dem Adventsvierteiler James of the Glens gespielt hatte verdammt ähnlich.

Er grinste mich freundlich an, Zigarette im Mundwinkel und fehlende Zähne inklusive und ich grinste zurück. Er stellte sich als Rob Robertson vor und ich war noch mehr erstaunt, denn ich lasse genau diesen Nachnamen auch *meinen Alan Breck* benutzen.

Wir führten ein nettes Gespräch über Ardlarach und seine Vergangenheit. Er wusste nicht, dass es einmal Allan Brecks Onkel gehört hatte. 2010, als ich ihn erneut besuchte, sagte er mir aber, dass der eigentliche Ort mehr östlich gelegen hätte. Auf Satellitenbildern kann man auch deutlich Gebäudereste unter der Erde sehen.

Mister Robertson wusste sonst einiges über das Buch von Stevenson und der Mord in Appin und berichtete mir stolz, dass Allan Breck in Invercomrie, das am westlichen Ende des Loch Rannoch liegt, geboren wurde. Dann sprachen wir noch über die Campbells und die Verachtung, die Leuten mit diesem Namen noch heute entgegengebracht wurden. Seine Frau war eine MacDonald aus dem Glen Coe. 2010 lernte ich dann auch sie kennen, als ich Wasser auf der Farm holte.

Ich zeltete am Ufer des Loch Rannoch und er empfing mich weitaus freundlicher als acht Jahre zuvor. Obwohl sich die Wolken gefährlich über dem See zusammenballten und es nach Gewitter aussah, blieb es warm und trocken in der Nacht. Es sollte die erste Nacht sein, in der ich nicht fror.

2002 hingen dicke Wolken über den Bergen und es regnete immer wieder. Man konnte kaum etwas erkennen und nach meinem Besuch in Ardlarach damals, machte ich mich auf den Weg in Richtung Bridge of Gaur, mit einem Abstecher zu Allan Brecks Geburtsort Invercomrie.

Abb.51: Blick auf den Loch Rannoch

Es ist ein Marsch von 4 Kilometern bis dahin, aber ich hatte damals Glück, das ein Mann von der britischen Telekom anhielt und mich mitnahm. So etwas ist mir öfter passiert während meiner Urlaube in Schottland. Auch wenn man natürlich vorsichtig sein sollte beim Trampen, ist es hier, besonders in den abgelegenen Gegenden eine Alternative zu meist nicht vorhandenen öffentlichen Transportmitteln.

Der Mann, der sich ebenfalls nicht gut auskannte, da er aus Dundee kam, nahm mich bis Bridge of Gaur mit.

Ich bezweifle, dass hier eine 1752 eine Brücke stand, aber die gefürchteten Rotröcke hatten hier Garnison. Abgesehen davon, dass Rannoch das Schlupfloch von Gesetzlosen war, war es natürlich 1745 auch ein Sammelbecken für die jakobitische Armee. Doch die Leute folgten den Chief der Camerons Lochiel, der auch hier zuständig war, nicht unbedingt freiwillig. So erschien am 15. August eine Gruppe Bewaffneter und zog von Ansiedlung zu Ansiedlung auf beiden Seiten des Loch Rannoch, wo viele Camerons lebten, um Soldaten für den Prinzen auszuheben. Sie drohten denen, die nicht mitgehen wollten, ihre Häuser niederzubrennen und das Vieh zu beschlagnahmen. So geschah das in vielen Gegenden der Highlands. Viele der Männer, die in Culloden starben, waren nicht freiwillig auf dem Schlachtfeld oder weil sie an die Sache der Stuarts glaubten.

Auch nach der verlorenen Schlacht hatten sie zu leiden, denn nun hausten die Rotröcke hier und am grausamsten waren die Lowlandschotten unter ihnen.

Nun brannten die Häuser am Loch Rannoch wirklich und das Vieh wurde weggetrieben, was natürlich danach zu einer Zunahme der Viehdiebstähle führte.

Doch der größte Dieb von allen war der Duke of Cumberland. 40.000 Stück Vieh wurden zusammengetrieben und im Süden verkauft. Die Zahl der Pferde war so groß, dass jedem einfachen Soldaten eines zugewiesen wurde.

Wer allerdings dem Prinzen gefolgt war, den erwartet nur der Tod. So wurden Männer, die man verdächtigte, aus den Häusern gezerrt und an Ort und Stelle erschossen oder gehängt. Die entsetzten Bewohner der Clachans flohen in die Berge, versteckten sich tagelang ohne Essen, ohne irgendeine Unterkunft. Viele erfroren und verhungerten, manche wurden mit ihren Hütten verbrannt.

Die Liste der englischen Verbrechen ist lang und aus heutiger Sicht ist es so etwas wie Genozid gewesen. Nicht umsonst nannte man den Duke of Cumberland den Schlächter. [xv]

Das war jedenfalls die Gegend, in die Allan Breck floh. Er kannte sie wie seine Westentasche, denn hier war er geboren, genauer gesagt in Invercomrie, unmittelbar bei Bridge of Gaur.

Auch auf heutigen Karten ist es eingezeichnet und es ist eine einfache Farm, umgeben von grünen Wiesen voller Schafe. Rob Robertson erzählte mir, dass das Original Haus, das so ausgesehen haben musste wie seines, vor einigen Jahren abgebrannt war. Heute steht da ein neues Haus, doch davor im Garten noch ein Paar Mauerreste, an denen eine recht alt wirkende Eberesche steht.

Es ist Tradition in den Highlands einen solchen Baum, als Schutz vor dem Bösen vor die Tür zu pflanzen. So sieht manses bei vielen Ruinen verlassener Häuser.

An diesem Ort wurde der historischen Allan Breck 1722 geboren. Das genaue Geburtsdatum ist unbekannt, wie häufig im 18. Jahrhundert. Man konnte froh sein, wenn man in solch abgelegenen Gegenden und unter so einfachen Verhältnissen wenigstens das Jahr wusste.

Den Spitznamen Breck, in Gälisch *breac – gesprenkelt*, bekam er, weil er schwer von den Pocken gezeichnet war. Die Pocken waren eine weitverbreitete Seuche bis ins 19. Jahrhundert hinein. Ein Kind wurde erst zur Familie gezählt, wenn es diese heimtückische und hochansteckende Krankheit überstanden hatte. So war ein pockennarbiges Gesicht damals nichts Ungewöhnliches und machte einen Menschen nicht auffälliger als üblich.

Abb.52: Blick auf die Felder von Invercomrie

ein Vater war Donald Stewart. Er gehörte zu den Stewarts von Appin und war sicher so etwas wie ein Tacksman, irgendein entfernter Verwandter eines der vielen Lairds.

Jedenfalls gab es James in seinem Prozess so an. Er sei ein entfernter Verwandter und Freund gewesen, der das Wohl seiner Kinder kurz vor seinem frühen Tod in James Hände gelegt hatte. Wie viele Kinder es waren, ist nicht überliefert, aber sicher ist, dass Allan Breck sehr jung in James Obhut kam, der ihm eine angemessene Erziehung und Ausbildung zukommen ließ. Der Junge konnte, genauso wie seine Söhne, lesen und schreiben, Englisch lesen und schreiben. Was damals keine Selbstverständlichkeit war.

Stevenson gab in seinem Buch Duncan Stewart als Alans Vater an und erzählte, dass er bei der Black Watch, dem ersten Highland Regiment der

Briten dient. Die Geschichte mit dem Schaukampf und dem Geld, das man dem Pförtner gab, ist eine historische Tatsache, doch es war kein Stewart, sondern ein Campbell, der hier der Held war. Die Black Watch war eine Art Polizeitruppe, die in den Highlands für Ruhe und Ordnung sorgen sollte. Allerdings wurde sie auch außer Landes geschickt, was am Ende eine Meuterei verursachte.

1745 bei der Schlacht von Prestonpans und auch auf Culloden Moor standen Regimenter der Black Watch unter dem Kommando von Lord Loudon, einem Campbell, den Truppen des Prinzen und auch Allan Breck gegenüber.

Donald Stewart, Allans Vater hatte keine so glorreiche Karriere hinter sich, eher das Gegenteil. Er war ein *Duinne briste*, ein gebrochener Mann, wie man jemanden in Gälisch bezeichnete, der aufgrund seiner Verbrechen vom eigenen Clan geächtet war. Also nicht das, was man sich als Vorbild nehmen sollte. Eine Reputation, die Allan Breck in den Augen der Campbells sehr schuldig dastehen ließ. Auch war seine eigene Karriere bis zum 14. Mai 1752 nicht glorreich.

Es heißt, dass er kaum Erwachsen, das wenige Geld, das er von seinem Vater erbte, mit Kartenspiel und Trinken durchbrachte und James ständig seine Schulden bezahlen musste. Schließlich beschloss der junge Mann, des Königs Schilling zu nehmen, was bedeutete, dass er sich bei den Rotröcken einschreiben ließ. Das war nicht ungewöhnlich in den Highlands. Viele gingen zur Armee, um der Armut und dem Hunger zu entfliehen.

Allan wollte sicher dem eintönigen Leben als Farmer und Viehhändler entgehen und bei der Armee hatte man es damals gut. Doch brachte ihn diese Entscheidung im September 1745 in eine prekäre Lage. Im Sommer, bei dem Marsch unter Jonny Cope in Richtung Inverness, wurde ihm sicher bewusst, dass er auf der falschen Seite stand. Und am 21. September bei Prestonpans sah er sich auf einmal seinen eigenen Leuten gegenüber. Freunde aus seiner Kindheit und Jugend und sein eigener Ziehvater waren im Appin Regiment, dem er an dem nebeligen Morgen unter dem Kommando von Colonel John Lee mit dem 44. Regiment, dem späteren Essex Regiment die Stirn bieten musste.

Die Schlacht dauerte nur 15 Minuten und hinterließ, wie es jakobitische Augenzeugen berichteten ein Horrorszenario von abgeschlagenen Köpfen, Armen, Beinen und verstümmelten Körpern, denn die Mehrzahl der Getöteten fiel durch das Schwert. Es war die Spur des gefürchteten Hochland Angriffes, bei dem die Männer ihre Kriegsrufe schreiend, in einer Hand das Breitschwert und in der anderen die Tartsche, einen lederbespannten Holzschild, auf ihre Gegner zu rannten. Allein das verursachte schon meistens Panik, und noch mehr, wenn sich die Hochländer durch ihre Gegner hackten, im wahrsten Sinne des Wortes. Dass Allan Breck diese Schlacht überlebte, war außergewöhnliches Glück. Auf jeden Fall wechselte er nach Prestonpans die Seiten, etwas was ihn zum Deserteur machte und darauf stand der Tod. Er wurde ins Appin Regiment integriert und marschierte mit nach England. Er focht bei Falkirk und stand im April 1746 auf dem Moor von Culloden, hungrig, müde und erschöpft wie alle anderen.

Wieder überlebte er und wurde danach zum Leibwächter von Charles Stewart of Ardshiel, James Stewarts Halbbruder. Er teilte die Entbehrungen seines Lairds und verbarg sich in den Bergen, bis auch er gemeinsam mit Ardshiel nach Frankreich ging.

Dort trat er in Lord Ogilvy's Schotten Regiment ein, einem Regiment der Leibgarde von König Louis den XV. Er ging den Weg vieler Schotten, den Weg des Söldners. Überall in der Welt verdingten sich die Männer aus den Highlands als Soldaten, diente am Schwedischen, Russischen oder am preußischen Hof. Am Ende sogar unter den ehemals verhassten *Sasunnach* – den Engländern.

1758, im Siebenjährigen Krieg, wurden die ersten Highland Regimenter nach Amerika geschickt und errangen 1759 unter James Wolf den Sieg auf der Abrahamsebene vor Quebec, der die Landkarte Amerikas endgültig änderte und die Franzosen vertrieb. James Wolf schrieb damals über sie: »*... es ist kein großer Verlust, wenn sie fallen!*«

Allan Breck hielt sein Dienst nicht davon ab, regelmäßig nach Schottland zu kommen, um Nachrichten der im Exil befindlichen Jakobiten an ihre Angehörigen zu schmuggeln und um Rekruten für den französischen König auszuheben.

So war er auch der Überbringer, der von James gesammelten zweiten Pacht an seinen Laird Ardshiel.

Dabei hatte er immer eine gewisse Route, der er folgte und über die die Campbells Bescheid wussten. So blieb ihm diese verschlossen, als er im Sommer 1752 fliehen musste. Die Jagd nach ihm wurde zur Staatsangelegenheit und die ersten Steckbriefe kursierten.

Steckbriefe, die ihn ganz anders beschrieben als Stevenson: ›*Er war von kleiner Gestalt, aber gut gewachsen und gewandt wie eine Geis. Sein Sonnenverbranntes, sommersprossiges und pockennarbiges Gesicht war offen und gewinnend. Seine Augen waren außerordentlich hell und in ihnen irrlichterte die Tollheit, was ihn ebenso anziehend wie unheimlich machte. … ein Mann den ich lieber zum Freund, als zum Feind haben wollte.*‹

Doch so war Allan Breck nicht wirklich, nicht klein, sondern für seine Zeit außergewöhnlich groß.

»*Die Person, die des Mordes an Colin Campbell of Glenure verdächtigt wird, ist Allan Breck Stewart, ein französischer Kadett (Offiziersanwärter), der sich in Appin zu der Zeit aufhielt … Er ist 5 Fuß, 10 Inches (ca. 1.80) groß, langes Gesicht, sehr von den Pocken gezeichnet; schwarzes buschiges Haar, das er in einer Tasche trägt (kleine Stofftasche, in der man seinen Pferdeschwanz damals trug, um die Kleidung vor dem Fett der Haare zu schützen), ein wenig x-beinig, rundschultrig und etwa 30 Jahre alt. Die Kleidung, in der er zuletzt gesehen wurde, war ein blaues Bonnet, ein blauer Rock – Lowland Stil, mit rotem Futter, einer roten Weste und Kniebundhosen. Darüber trug er einen bräunlichen Umhang, keine sichtbaren Waffen … Er ist schäbig mit einem Hang zur Vornehmheit*«, heißt es in einem Zeitungsartikel. Der letzte Satz hat Allan Breck sicher aufgebracht und gar nicht gefallen. Aber es war wohl sein Stil mehr zu scheinen, als zu sein.

Doch trotz der Steckbriefe und des enormenKopfgeldes von 200 Pfund, konnte man seiner nicht habhaft werden. Irgendwann im Frühjahr 1753 tauchte er wieder in Frankreich bei seinem Regiment auf. Wo er während dessen war und wie es ihm gelang, nach Frankreich zu kommen, bietet viel Raum für Spekulationen und einen Roman. Mein Buch »Nichts wird die Dinge ändern« zeigt einen möglichen Weg auf, doch wirklich weiß es bis heute keiner.

Abb. 52 - computeranimierte Rekonstruktion des Aussehens von Alan Breck nach den Steckbriefen

Von Rannoch nach Stirling

‹...Also, wenn wir versuchen, um das Quellgebiet des Forth herumzuschleichen und bei Kippen oder Balfron herauskommen, so werden sie uns ganz genau da in Empfang nehmen und Hand an uns legen. Doch wenn wir geradezu auf die gute alte Brücke von Stirling zuhalten, wette ich meinen Degen, dass sie uns unangefochten durchlassen. ‹»Entführt«, Robert Louis Stevenson.

Abb. 53: Blick auf die ferne Highland Berge von den Fintry Hills in der Nähe von Kippen

Stevenson schickte seine Helden auf eine entbehrungsreiche Wanderung durch die Berge, die sich um die Täler des Glen Lyon, Glen Dochart, Glen Orchy herum aufrichten, die hohen Gipfel von Breadalbane, heute ein Eldorado für Bergsteiger. Tagelang irrten sie in strömenden Regen herum, nass bis auf die Haut, was David schließlich schwerkrank werden ließ.

Ich habe bei einer kurzen Wanderung von Invercomrie nach Camghouran einmal dieselbe Erfahrung gewonnen. Selbst die beste Regenkleidung gibt einmal nach, wenn es so intensiv regnet, wie ich es erlebt hatte.

Doch das ist nicht das einzige Problem. Kleine Rinnsale verwandeln sich in rauschende Wildbäche, Furths werden unpassierbar und Wege zu Bächen. Das mehr als einen Nachmittag auszuhalten und ohne Dach über den Kopf, ist für mich schwer nachvollziehbar.

Abb.53 - Bridge of Tummel

Ich habe selber schon Teilstrecken am Loch Rannoch und herum erwandert, wie zum Beispiel 2013 von Bridge of Tummel zum Glen Garry. Das war früher eine beliebte Route für die Viehtriebe, bei denen die Bauern und Landbesitzer in den Highlands, ihr Vieh zu den Viehmärkten – Tryst genannt- nach Crieff oder später Falkirk trieben. Die Tummel Bridge ist ein Paradebeispiel der Ingenieurskunst des frühen 18. Jahrhunderts, und wurde um 1720 erreichtet. Als Teil der Military Roads wurde sie 1752 schwer bewacht.

Dem Marsch von Stevensons Helden bin ich jedoch noch nicht zu Fuß gefolgt, nur per Auto kenne ich einen Teil. Das verdanke ich meinen guten Freund und Stevenson Kenner Lachie Munro, der in London lebt.

Es war eine erlebnisreiche Autofahrt im Oktober 2002 vom Glen Coe bis nach Falkirk, ein wenig auch auf den Spuren von Stevenson. Den ersten Teil des Weges kannte ich ja schon, jedenfalls bis Crianlarich, die hohen Berge die Stevenson seinen Helden entlang schickte, zu meiner linken. Dann ging es von dort aus ins Glen Dochart, die Berge von Breadalbane links und der Ben More auf dem Lachie schon war rechts. Einen kurzen Abstecher gab es noch zu den ›Falls of Killin‹, einer Touristenattraktion der Neuzeit und dann weiter nach Strathyre, wo man auf einer ehemaligen Bahnstrecke wandern kann, entlang des Loch Lubnaig. Dabei kommt man an einem Gasthaus vorbei, ebenfalls Kingshouse genannt. Hier machte James of the Glen Rast auf den Weg nach Edinburgh, wo er bei den Lords des Schatzamtes etwas gegen die drohende Vertreibung der Pächter erreichen wollte. [xvi]

Dann geht es über den Pass of Leny nach Callander, ein nettes Touristenstädtchen am Eingang zur Trossachs, die Sir Walter Scott bekannt gemacht hat. Leider ist es mir noch nicht gelungen, dort hinzukommen, zu den schönen kleinen Seen, dem Loch Kathrin, Loch Venachar und Loch Ard.

Von Callander aus, führte mich Lachie dann auf Nebenstraßen, in bäuerlicher Umgebung entlang der Menteith Hills über den Forth, der hier nur ein kleines Flüsschen ist. Wir erreichten die Fintry Hills bei Kippen, von wo man einen atemberaubenden Blick auf die damals schneebedeckten Highland Berge hatte. Dann ging es wieder weiter in Richtung Falkirk.

Stevenson schickte seine Helden nach einer Erholungspause in Balquidder, der Heimat Rob Roys, wo Alan mit Robin Oig, dem Sohn des Freibeuters zusammentraf, ebenfalls über den Pass of Leny in Richtung Bridge of Allan. Robin Oig und sein älterer Bruder James (in Stevensons zweitem Roman »Catriona«, der Vater des Mädchens in das David verliebt war) waren allerdings keinen positiven Helden. Robin endete 1753 am Galgen und James wurde berühmt, weil er für die Campbells und die Briten in Frankreich spionierte, und versuchte, Allan Breck an seine Häscher zu verraten.

2013 folgte ich dann vom Strath Allan aus den Viehtreiberrouten am Rande der Orchil Hills bis nach Bridge of Allan. Auch David und Alan liefen nicht direkt nach Stirling, zum einzigen Übergang über den Forth zu dieser Zeit, sondern blieben noch einen Tag in Bridge of Allan.

Bridge of Allan war Stevenson gut bekannt. Seine Familie verbrachte in dem damals recht neuen Kurort oft die Ferien im Sommer. So ist es nicht verwunderlich, dass er David und Alan auf die kleine Insel im Allan Water schickt zu Füßen der Burg von Stirling.

Leider kommt man heuter schlecht an diese Insel heran. Man sieht sie nur kurz, wenn man mit dem Zug von Bridge of Allan nach Stirling fährt.

Abb. 54 - Blick auf die Forth Niederung von oberhalb Bridge of Allan/ Im Vordergrund das Sheriffsmuir Inn

1993, während meines ersten Besuches in Schottland besuchte ich Stirling. Damals fielen mir nicht die horrenden Eintrittspreise auf, sondern eher, dass man die Burg von den Spuren der Garnison befreite, die hier mehrere Jahrhunderte, im wahrsten Sinne des Wortes gehaust hatte. Die große Halle, die jetzt in alter Pracht erstrahlt, war mit eingezogenen Zwischenböden und Kaminen verschandelte worden.

Auch die alte Brücke über den Forth, an der David und Alan scheiterten, habe ich damals das erste Mal gesehen.

Stirling ist natürlich auch bekannt durch sein Wallace Monument, das auf einem Felsenkliff gegenüber der Burg steht. Von hier aus hat man eine wunderschöne Aussicht auf das Umland, das *Carse* genannte flache Land am Firth of Forth, der sogar hier oben, viele Kilometer entfernt vom Meer, noch von Ebbe und Flut beeinflusst wird.

Die Brücke von Stirling war der letzte Übergang, bevor der Forth zur breiten Meeresbucht wird. Nur Fähren führten hinüber und die waren mit Sicherheit bewacht, so zogen David und Alan weiter den Forth hinunter bis Limekilns.

Der historische Allan Breck fand, aller Wahrscheinlichkeit nach, Unterschlupf für viele Monate bei einer jakobitischen Familie in Stirling. Stevenson war nicht der Erste, der einen Roman über Allan Breck schrieb. Der Erste war ein Mann aus Stirling, George Robert Gleig, ein Soldat und Militärhistoriker, der zum General Kaplan aufstieg. Sein Roman, einfach »Allan Breck« genannt, wurde 1834 veröffentlicht. Es ist durchaus möglich, dass George Gleig ein spezielles Insiderwissen über seinen Helden hatte. Um es genauer zu sagen, er wusste über Allans Aufenthaltsort, in der fraglichen Zeit nach dem Mord in Appin, Bescheid. Gleigs Vater war der Espiskopalische Vikar von Stirling. In seiner Gemeinde waren eine Anzahl von Familien mit starken Sympathien für die Jakobiten, bis hin zu einer direkten Verbindung nach Appin.

Abb.55 - Die alte Brücke von Stirling

ames Stewart war ein frommer Angehöriger der episkopalischen Kirche, die von den Hannoveranern verfolgt und unterdrückt wurde. Als James Edinburgh besuchte im April 1752, um für seinen Pächter etwas auf offiziellem Wege zu erreichen, hielt er sich auch in Stirling auf, um mit einigen dieser Familien zu sprechen. Unter ihnen war ein gewisser William Wilson of Murrayshall und seine drei unverheirateten Töchter.
An die Drei erinnerte man sich besonders, als auffällige Charaktere in der Gegend, die keinen Hehl aus ihren jakobitischen Sympathien machten,

selbst in Zeiten, wo es besser war, zu schweigen und sich klein zu machen.

Doch sie taten das Gegenteil. Wenn auch immer das Haus Hannover während des Gottesdienstes erwähnt wurde, klappten die drei Frauen lautstark ihre Bibel zu und funkelten den Pastor feindselig an. Das war kein Wunder, denn ihre Tante war Isobell Haldane, die Frau von Charles Stewart of Ardshiel. Also wäre es nicht weiter verwunderlich, wenn Allan Breck bei ihnen Unterschlupf gefunden hätte. Aus Loyalität zu ihrem Onkel wäre er sicher ein willkommener Gast in ihrem Haus gewesen, egal zu welcher Zeit und unter welchen Umständen. [xvii]

Hier ist die Übereinstimmung, denn in George Robert Gleigs Roman, wurde Allans Breck von drei unverheirateten Schwestern in einem Landhaus bei Stirling versteckt gehalten. Das würde einiges erklären, vor allen Dingen die Lücke füllen bis zu seinem Auftauchen in Frankreich. Angenehmer auf jeden Fall als der Weg, den ich ihm andichtete.

Stevenson schickte seine Helden, als sei es nichts, weitere 25 Meilen den Forth hinunter vorbei an Alloa und Clackmannan, entlang der Orchil Hills über Culross nach Limekilns.

Diese Strecke hat mich Lachie Munro 2004 mit dem Auto gefahren. Hier zu wandern ist sicher schwierig, denn die Gegend ist dicht besiedelt und teilweise industrialisiert. Doch ein besonderes Kleinod am nördlichen Ufer des Firth of Forth ist Culross. Ein kleines Städtchen, in dem die Zeit stillzustehen scheint.

Die engen, mit Kopfsteinpflaster bedeckten Gassen, die alten Häuser mit ihren Holzbalustraden und Treppen, waren schon öfter die Kulisse von historischen Filmen. So unter anderem in einer Verfilmung von »Entführt« aus den siebziger Jahren, mit Michael Caine als Alan Breck und einen sehr sympathischen unbekannten schottischen Schauspieler als David Balfour.

Culross ist auf jeden Fall einen Besuch wert, denn es ein Kleinod schottischer Stadtarchitektur.

An Limekilns kann ich mich nur schleierhaft erinnern, aber es ist ähnlich wie Culross, nur nicht mehr so durchgehend alt. Es gibt noch immer ein Gasthaus am Hafen, »The Old Ship Inn«. Doch wenn man einen Blick über den Meeresarm wirft, zu dem der Firth of Forth hier geworden ist, bezweifelt man doch sehr, dass ein Mädchen die beiden Flüchtlinge darüber und wieder zurückgerudert haben könnte. Denn zu der Breite kommt auch noch eine starke Gezeitenströmung.[xviii] Nun ja, ein wenig dichterische Freiheit darf man sich als Romanautor auch nehmen, damit ein Buch interessant wird.

Abb.56 - Market Cross von Culross

Wie dem auch sei, jedenfalls landen David und Alan in der Nähe von Carriden. Das ist heute ein Industriegebiet und Tag und Nacht brennen hier die Fackeln einer Raffinerie, also auch kein ideales Gebiet zum Wandern. In der Umgebung von Edinburgh ist es sowieso besser, man verlegt sich auf die öffentlichen Verkehrsmittel, wenn man nicht mit dem eigenen Auto unterwegs ist. So habe ich es jedenfalls das erste Mal 1992 getan, als ich das auf der südlichen Seite des Forths gelegene South Queensferry besuchte.

Auch hier in den beschaulichen Gassen am Hafen und der Hauptstraße scheint die Zeit stillzustehen, wenn das Städtchen nicht im Schatten der beiden mächtigen Brücken über dem Forth liegen würde.

Die stählerne Eisenbahnbrücke spannt sich direkt über das Hawes Inn, in dem David Balfours Odyssee begann.

Ein weiteres Mal besuchte ich den Ort 2004 gemeinsam mit Lachie Munro und seinem Freund Andreas Lange, dem ich auch einige Fotos zu verdanken habe, die in diesem Buch sind.

Hier bekam David in Stevensons Roman Hilfe von dem Anwalt Rankeillor und gewann schließlich mit Alans Unterstützung sein Erbe. Fürs Erste hatte die Geschichte ein glückliches Ende gefunden.

Doch turbulent geht es in der Fortsetzung weiter, die Stevenson erst nach seiner Übersiedlung nach Samoa schrieb.

Abb. 57: Straße in South Queensferry

Edinburgh

›Auf einem Seitenweg kamen wir über einen Hügel und als wir uns der Stelle näherten die »Raste und sei dankbar« heißt, auf dem Moor von Corstophine, die Stadt und das Schloss auf den Hügel erblickten, blieben wir beide stehen. Auch ohne Worte wussten wir, dass sich unsere Wege hier trennten.‹ »Entführt«, Robert Louis Stevenson.

Abb. 58 - Blick auf Edinburgh unterhalb von Arthurs Seat aus

Leider ist es etwas schwierig heute den Blick vom Corstophine Hill auf die Stadt zu fotografieren, denn die Gegend ist dicht bebaut.
Doch an einer Bushaltestelle in der Corstophine Road, kurz vor dem Zoo von Edinburgh steht jetzt eine Bronze Skulptur, die an diesen denkwürdigen Augenblick erinnert.
Sie wurde von dem Künstler Alexander Stoddart geschaffen und stellt David Balfour und Alan Breck dar und wurde 2004 von keinem Geringeren als Sir Sean Connery enthüllt.
Robert Louis Stevenson konnte Edinburgh nicht vergessen, selbst als er auf Samoa lebte und »*Catriona*« schrieb. Mit Heimweh dachte er an die Plätze, die darin vorkamen.
Stevenson kannte die Stadt wie seine Westentasche, denn er verbrachte den größten Teil seines Lebens hier.

Er wurde am 13. November 1850 am Howard Place Nr. 8 als Robert Lewis Balfour Stevenson geboren und ein paar Tage später von seinem Großvater, der Pfarrer in Colinton war, wie damals üblich zu Hause getauft. Er wurde nach seinen Großvätern, Lewis Balfour und Robert Stevenson genannt.

Er änderte seinen zweiten Vornamen, als er 18 Jahre alt war, von der schottischen Schreibweise in die Französische.

Zweieinhalb Jahre nach seiner Geburt zog die Familie zuerst in das auf der anderen Seite der Straße gelegene Haus Inverleith Terrace Nr.1 und dann später in das im Herzen der New Town gelegene in der Herriot Row Nr. 17.

Abbildung 59 *Abbildung 60*

Howard Place Nr. 8 *Herriot Row Nr. 17*

Seit 1857 lebte Stevenson dort und verbrachte den größten Teil seiner Kindheit und Jugend hier. Während seines Studiums, zuerst auf Wunsch des Vaters Ingenieurwesen, später Recht. Er reiste er viel, kehrte jedoch immer wieder nach Edinburgh zurück, bis zu seiner Hochzeit 1880.

1887, nach dem Tod seines Vaters verließ er Edinburgh für immer und siedelte nach West Samoa über, wo er einen kleinen Besitz erwarb und ein Haus baute. Er starb dort am 3. Dezember 1894.

Und das steht auf seinem Grabstein auf Samoa, der auf einem Hügel oberhalb seines Hauses steht, zugänglich über einen Pfad, den seine treuen Samoaner mühevoll über Nacht aus dem Dschungel geschlagen hatten. Sie nannten ihn ehrfurchtsvoll »*Tusitala* – Geschichtenerzähler«.

,*Under the wide and starry sky,*
Dig the Grave and let me lie.
Glad did I live and gladly I die,
And I laid me down with a will.
This be the verse you grave for me;
Here he lies where he longed to be;
Home is the sailor, home from the sea,
And the hunter home from the hill '

Hier die grobe Übersetzung:
Unter dem weiten, sternenbesetzten Himmel,
Grabe meine Ruhestätte und lass mich ruhen.
Glücklich habe ich gelebt und glücklich sterbe ich.
Und lege mich nieder mit diesem Wunsch.
Das soll der Spruch sein, den du für mich gravieren lässt;
Hier liegt er, wo er immer sein wollte;
Zurückgekehrt ist der Seemann, zurück von der See,
Und der Jäger zurück vom Berg.

Das hat Stevenson selbst für sich geschrieben.

Doch auch auf Samoa oder in den USA, wo er eine Zeit mit seiner Frau Fanny Osbourne lebte, vergaß er Edinburgh nicht und die Stadt inspirierte ihn immer wieder. Der Roman ›Der seltsame Fall von Dr. Jekill und Mister Hyde‹ spielt zwar in London, doch Kenner der Stadt werden eher Edinburgh erkennen.

Das Edinburgh Stevensons war anders als die Stadt, die Touristen heute kennen. In der historischen Altstadt, die man verfallen ließ, lebten die Armen der Ärmsten. In den finsteren Gassen – Closes genannt wagte man sich tagsüber kaum. Doch nördlich der Burg hatte man einen neuen Stadtteil am Reißbrett erschaffen, die New Town, in der Stevenson aufwuchs und lebte. Doch es blieben die Gegensätze und der ewige Kampf zwischen dem Guten und dem Bösen im Menschen, das Stevenson in dem Roman darstellte. Inspiration waren auch lebende Personen dieser Zeit und die vielen finsteren Legenden Edinburghs. Man kann sie heute in einer der vielen angebotenen Ghost-Touren erleben oder im Mary Kings Close, einer unter der City Chambers verborgenen alten Straße, die man überbaut hatte.

Auch in Bezug auf die historischen Ereignisse um den Mord in Appin herum spielte Edinburgh eine kleine Rolle. Zuerst, was ich schon mehrmals erwähnt hatte, im Zusammenhang mit James Stewarts Reise in April 1752 hierher. Er wollte die drohende Vertreibung der Pächter verhindern, indem er bei den Lords des Schatzamtes vorsprach. Doch die waren gerade nicht in der Stadt und die nächste Zusammenkunft sollte erst in Juni, also nach den geplanten Vertreibungen stattfinden. Er konnte dann trotzdem mit einem der Beamten eine Art einstweilige Verfügung erwirken, die allerdings Colin Campbell in Gegenzug wieder aufheben ließ.

Auch Allan Brecks Marschroute im Auftrag seines Lairds führte ihn zuerst nach Edinburgh, wo er sich gewöhnlich aus Frankreich kommend einschiffte. In Leith dem damaligen Hafen der Stadt. Er hielt sich dann meistens bei einem Mann namens Hugh Stewart auf, der in der Nähe der *Fountain Well* in der Highstreet wohnte. Dort verbarg er sich tagsüber und ging nur nachts aus, wobei er mehr als einmal Gefahr lief, erkannt zu werden. Nach dem Mord blieb ihm auch dieser Zufluchtsort versperrt. Die *Fountain Well* muss eine der vielen gemauerten Brunnen sein, die man auf der Highstreet findet. Welche genau es ist, ist mir jedoch unbekannt.

In Catriona lässt Stevenson Alan Breck sich verstecken und dann gemeinsam mit David ein letztes Abenteuer bestehen auf dem Weg von Edinburgh nach *Gullane Sands*.

Gullane und der Bass Rock

›Da unsere Hetzjagd uns zuerst landeinwärts geführt hatte, waren wir schließlich recht weit nach Norden abgekommen; zur Linken behielten wir als Wegweiser die alte Kirche von Aberlay im Auge, und auf der anderen Seite richteten wir uns nach dem Gipfel des Berwick-Hügels, um seewärts, nicht weit von Dirleton, wie Alan es beabsichtigt hatte, den Strand zu erreichen. Westlich von Gillane (Gullane) ist der Küste eine Inselkette vorgelagert. Es sind winzige Inselchen; sie heißen Craigleith, The Lamb, Fidra und Eyebrough und sind an ihrer verschiedenartigen Größe und Form gut voneinander zu unterscheiden. Fidra ist am besten herauszukennen, denn mit ihren zwei Buckeln, auf denen Ruinen emporragen, ist sie besonders einprägsam. Als wir die Insel sahen, bemerkte ich in den Mauerresten eine leere Fensterhöhle, die mich an ein menschliches Auge erinnerte. An der Leeseite von Fidra ist bei Westwind guter Ankergrund, und dort tanzte, wie wir sehr bald feststellen konnten, die »Thistle« auf den Wogen.‹ Catriona – Robert Louis Stevenson.

Abb. 61 - Gullane Sands

1993 war ich das erste Mal in North Berwick, ein nettes kleines Städtchen an der Nordseeküste, östlich von Edinburgh, mit mehreren Sandstränden, die zum Baden einladen, gesetzt dem Fall das Wetter spielt mit.

Alan und Davids Route zu folgen, fällt im 21. Jahrhundert schwer, weil sich die malerischen oder abgelegenen Küstenorte doch sehr gewandelt haben. Prestonpans zum Beispiel; hier kann man das alte Schlachtfeld von 1745 gar nicht mehr ansehen, da sich an der Stelle ein Kraftwerk befindet. Ob der wirkliche Allan Breck David so stolz die Schlacht erklärt hätte, wie in ›Catriona‹ beschrieben, zweifle ich doch eher an. Prestonpans war traumatisch für ihn und ein Kapitel in seinem Leben, das er lieber gestrichen hätte.

Ich nahm genauso wie vor 10 Jahren, auch 2013 die Bahn, um nach North Berwick zu kommen. Die Bahnlinie führt jedoch ein wenig landeinwärts und in einem großen Bogen zur Küste, sodass man den Strand von Gullane – in Stevensons Roman *Gillane* geschrieben- gar nicht zu Gesicht bekommt.

Am auffälligsten ist auf der Strecke, der North Berwick Law, ein Felsen, der mitten aus dem doch recht flachen Umland aufragt. Er ist der Überrest eines Vulkans, genauso wie der Bass Rock, der zwei Kilometer vor der Küste liegt.

In North Berwick kann man dann vom Strand aus, die von Stevenson beschriebenen Inseln sehen. Fidra und Lamb liegen westlich, Fidra durch den Leuchtturm gut zu erkennen und Craigleith direkt vor dem Hafen der Stadt.

Stevenson war North Berwick nicht unbekannt. Seine Familie verbrachte hier regelmäßig ihren Sommerurlaub. Hier erlebte er die schönsten Ferien seiner Kindheit gemeinsam mit seinen Cousins. Sie spielten am Strand, ließen sich Geschichten erzählen, die dann in seinen Büchern wiederauftauchten. So hat zum Beispiel die Schatzinsel in der Karte, der zuerst veröffentlichten Version den Umriss der Insel Fidra.

Der Hafen von North Berwick ist typisch für die Küstenorte, klein und malerisch, ein Touristenmagnet, genauso wie das Seabird Centre, dass sich mit den hier heimischen Seevögeln beschäftig.

1993 war leider das Wetter gegen uns, und wir konnten keinen Ausflug per Schiff zum Bass Rock machen.

Doch ich wollte mir das nicht entgegen lassen und dieses Mal war mir der Wettergott hold. Es war zwar ein wenig windig, aber strahlender Sonnenschein ließ so richtiges Urlaubsfeeling aufkommen und ich genoss einen Strandspaziergang.

Der Bass Rock, zu dem ich dann schließlich als Tourist per Doppelrumpfkatamaran aufbrach, beherbergt eine der größten Basstölpel-Kolonien Europas.
Aus der Ferne sieht er aus, wie mit Schnee bedeckt, was von den Exkrementen und den vielen brütenden Vögeln herrührt.
Die Bootstour führte zuerst zu der Insel Craigleith und auch der nette Führer erklärte uns den Zusammenhang von Stevensons ›Schatzinsel‹ und der Insel Fidra, die man in der Ferne sehen konnte.
Dann ging es weiter in Richtung Bass Rock mit schäumender Bugwelle.
Ich hatte ja schon einmal einen Tölpel aus nächster Nähe gesehn, als ich auf den Orkneys war. Ein paar Tiere flogen damals parallel zu Fähre und ich war beeindruckt. Doch tausender der Vögel auf engstem Raum und über seinem Kopf zu haben, ist etwa anderes.

Abb. 62 - Bass Rock mit seiner Tölpel- Kolonie

›Während wir sprachen, dämmerte der Morgen herauf. Von Osten her nahm die See eine graue Färbung an, durchsetzt mit funkelnden, glänzenden Punkten wie Kohlenglut in erkaltender Asche. Gleichzeitig wurden die Wildgänse – auch Tölpel genannt – wach und lärmten über den Klippen der Insel Bass. Wie jedermann weiß, ragt sie, ein einzelner hoher Felsen, aus dem Meer auf, so gewaltig, dass man aus den Gesteinsmassen eine ganze Stadt errichten könnte. Die See ringsum war sehr ruhig,*

nur gegen den Fuß des Bassfelsens brandeten die Wogen mit dumpfem Grollen.
Je heller es wurde, desto deutlicher konnte ich alle Einzelheiten erkennen. Die dunklen Granitwände, weiß besprenkelt von zahllosen Exkrementen der Wasservögel, schienen wie mit Raureif bedeckt. Nur der schräge Gipfel war grasbewachsen, und ganze Scharen grauer Wildgänse bevölkerten ihn; sie erfüllten die Luft mit ihrem lauten Geschrei. Die schwärzlichen Mauerreste der alten Burg reichten bis zum Meeresufer hinab.‹
Was Stevenson da beschrieb, kann man erst nachvollziehen, wenn man selbst auf oder wenigstens an der Insel war, wenn die Bass Tölpel dort brüten.
Der Lärm und vor allen Dingen der Gestank, den er hier wohlweislich nicht erwähnte, machen Davids Gefängnis auf Zeit schwer vorstellbar. Ich möchte hier nicht einige Wochen verbringen!
Doch der arme David musste hier ausharren unter der Aufsicht einer Gruppe von abergläubischen Highlandern und eines gewissen Andy Dale.
Andy Dale und Andy Scougal, Stevenson bediente sich hier erneut der Namen von Verwandten. Die Dale Familie waren Cousins von ihm und bewirtschafteten eine Farm in der Nähe von North Berwick. Andy Scougal bekam seinen Namen von der Scougal Farm der Dales, die fünf Meilen östlich von Berwick liegt.
Die Bucht und die Felsen unterhalb von *Tantallon Castle*, bei North Berwick in der Nähe der *St. Baldred's Cave* sind *Dale Country*, genauso wie die geheime Höhle, in der die Schmuggler ihre Beute versteckten. Es war ein Lieblingsplatz, wenn Stevenson seine Cousins besuchte, gegenüber dem Bass Rock, der sich aus der See erhebt mit seinem Leuchtturm und der Kolonie der nach ihm benannten Bass Tölpel. Hier war die Küste ein Friedhof der Schiffe und beliebter Treffpunkt von Schmugglern und Piraten. Ein solcher Ort war typisch für Stevenson. [xix]
Geschichten, die man hört an bestimmten Plätzen oder über sie liest, fließen ein in einen Roman, das war schon immer so und wird auch immer so bleiben.
Eigentlich wollte ich von North Berwick nach Gullane laufen, aber es klappte nicht, so habe ich dann schließlich den Bus genommen und mir wenigstens den Strand angesehen.
Gullane Bend – so wird er genannt, ist ein beliebter Ausflugsort, für die Einwohner von Edinburgh, ein Mekka der Golfer und Surfer, wenn das Wetter mitspielt, so wie an dem Wochenende, als ich dort war.
Das war das vorläufige Ende meiner Reise auf den Spuren von Robert Louis Stevenson.
Schottland ist ein faszinierendes Land und seine Geschichte voll von Dingen, über die man ein Buch schreiben könnte. Ich habe es versucht, ich

habe versucht meine Erlebnisse, meine Eindrücke darin zu Wort kommen zu lassen. Ich habe bei meinen Reisen gespürt wie es ist in einem Sturm mit Windstärke 9 zu stehen, wie es sich anfühlt, wenn der Wind an das Haus hämmert, ein einfaches *Black House* auf den Hebriden. Wie es das Wasser durchs Fenster herein drückt oder man einen Blick auf die tobenden Elemente hat, keine drei Meter von der Haustür entfernt.

Ich weiß, wie es ist, wenn einem der Regen ins Gesicht peitscht, wie tausend Nadelstiche oder dann plötzlich die Sonne so heiß und gnadenlos vom Himmel herunter scheint, dass keine Sonnencreme der Welt reicht, einen Sonnenbrand zu verhindern.

Ich bin die Wege gegangen, die Stevenson seine Helden schickte und ich meine. Ich habe das Rannoch Moor unter den Füßen gehabt, nicht sicher auf einer Straße, sondern so wie es ist. Voll von Moortümpeln, den Resten abgestorbener Bäume, Torfmoosen, Heide und Sonnentau. Ich habe seine Einsamkeit und Stille gespürt, den Wind, der mich umwehte, den Regen und die Sonne die darüber fliegen können.

Ich habe Orte besucht, deren Geschichte eine Gänsehaut verursacht und ich habe mir vorgestellt, wie es damals wirklich war. Als ich auf den Culloden Moor stand und über die Heidefläche blickte, von dem Platz, an dem die Stewarts of Appin standen und ich in der Ferne die Fahne der königlichen Truppen sehen konnte. Vorzustellen, was diese Männer dachten, wie sie sich fühlten, hungrig, müde und frierend an diesem Tag im April 1746.

Ich will in meinem Roman »Nichts wird die Dinge ändern« zeigen, wie die Menschen damals lebten, wie sie liebten, wie sie starben. Ein wenig ohne die Romantik, die viele Bücher über die Zeit herüberbringen. Denn die Zeit war hart und unvorstellbar grausam. Ich will zeigen, wie sich ein Mensch unserer Zeit fühlt, wenn er plötzlich der Realität des 18. Jahrhunderts gegenübersteht und feststellen muss – nichts wird die Dinge ändern, auch wenn man zu wissen scheint, was geschehen wird.

Ich habe einen kleinen Ausschnitt aus dem Roman eingefügt und hoffe es wird allen gefallen, die Schottland und seine bewegte Geschichte lieben und schätzen.

Danksagung

Hier möchte ich allen danken, die mich bei diesem Buch unterstützt haben.

Allen voran meiner treuen ›Lektorin‹ Gundula Fischer, die diverse Satzbaufehler und andere Unkorrektheiten fand, die ich überlesen hatte.

Vielen Dank für ihre Fotos an Cornelia Heimer und Andreas Lange und Randy Stewart.

Dank für die sachliche Unterstützung besonders an Professor James Hunter, an Neill Malcolm von der Appin Historical Society, an die Royal Society of Edinburgh und Professor Caroline Wilkinson von der Universität Dundee.

Besonderen Dank gebührt auch meinen Freund und Stevenson Kenner Lachlan Munro aus London, dem ich viele interessante Anekdoten und vor allen Dingen die Sicht auf Orte zu verdanken habe, an die ich ohne ihn nie gekommen wäre.

Besonderen Dank an die Menschen, die ich auf meinem Weg auf Stevensons Spuren durch Schottland traf. An Kristi Carsten Stewart vom Glen Coe Folk Museum, an Rab Robertson aus Ardlarach, an Dr. J.D. Stewart Campbell, der mir zeigte das ‚never trust a Campbell' nur ein dummer Spruch ist und an Anna M. Robertson und die Gemeinde der *St Columba Episcopalian Church* in Edinburgh, die mich so herzlich willkommen hießen und mir eine Einführung in den Episkopalischen Glauben gaben.

Dank auch an meine Familie und meine Kinder, die immer an mich glaubten.

Nichts wird die Dinge ändern

TEIL 1 ZEITKREISE

ROMAN

Es ist wohl einer der verwegensten Träume der Menschheit, in der Zeit reisen zu können, und es gibt sicher Physiker, die versuchen auch diesen Traum zu verwirklichen, und man hat die wohl nicht unberechtigte Angst von den Mächtigen dieser Welt vereinnahmt zu werden, denn es wäre eine gefährliche Waffe. Doch zum Glück ist es bisher niemandem gelungen, wirklich eine Zeitmaschine zu bauen.
Aber was wäre, wenn es doch gelingen würde, in der Zeit zu reisen? Welche Gefahren würden wir heraufbeschwören? Wären wir in der Lage, die Geschichte, so wie wir sie kennen zu verändern oder ist so etwas absolut unmöglich?
Könnten wir zurückreisen und ein Geheimnis, welches 200 Jahre verborgen war, lüften oder könnten wir all die schlimmen Sachen verhindern?

Dürften wir das?
Andrea, eine junge Frau des 20. Jahrhunderts, in der Zeit verschollen durch den Leichtsinn ihres Verlobten, stolpert mitten hinein in eine verworrene Geschichte, die sie nur durch einen Roman kennt.
Sie wird gezwungen sich zu entscheiden, ob sie nur als Beobachter danebensteht oder etwas zu ändern versucht.
Doch am Ende muss sie feststellen, dass sie nichts verändern kann.
Sie ist die einzige unbekannte Variable in dieser Geschichte, und sie wird mit hineingezogen in den Strudel der Ereignisse, in eine Zeit zu lieben, zu leben und zu sterben.

... die Geschichte ist erzählt. Nichts wird die Dinge ändern.

Originalausgabe
13. November 2015

Autor: Iris Heerdegen
Covergestaltung: Ursula Ritzmann

Books on Demand GmbH, Norderstedt

www.bod.de

ISBN-10: 3739208198
ISBN-13: 978-3739208190

http://www.irisheerdegen.de/

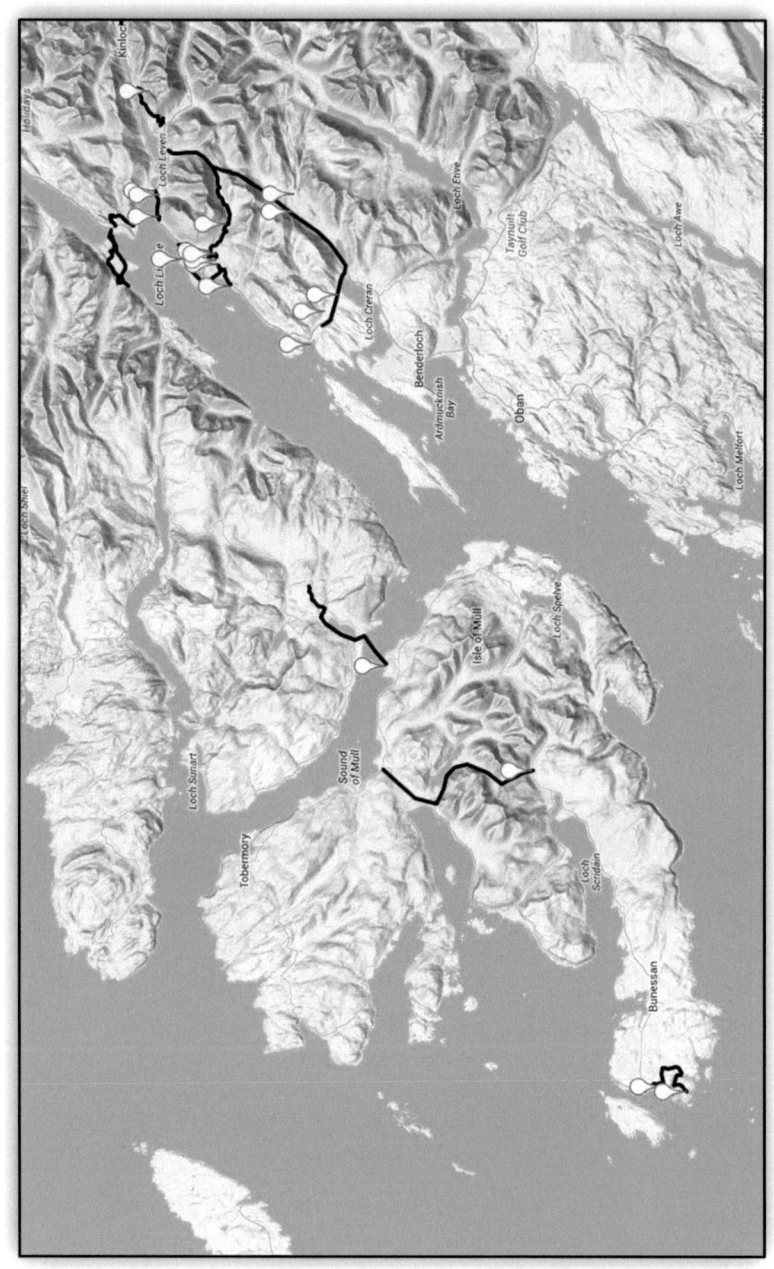

Teilkarte der gewanderten Strecken auf Mull und in Appin/
https://mapsengine.google.com/map/edit?mid=z0bXl22cuCZU.ku2b_vMA_JW8

Teilkarte der gewanderten Strecken auf dem Rannoch Moor, dem
Loch Rannoch und Bridge of Allan/
https://mapsengine.google.com/map/edit?mid=z0bXl22cuCZU.ku2b_vMA_JW8

Bildnachweise

Titelseite: Castle Stalker im Loch Linnhe/Ursula Ritzmann

Karte des Weges, den David Balfour und Alan Breck nahmen© google maps: https://mapsengine.google.com/map/edit?mid=z0bXl22cuCZU.kaitMuJHdXSc

- Abb.1: Culloden Moor an einem sonnigen Juni Tag/Ursula Ritzmann
- Abb.2: Holyrood House Edinburgh/ Ursula Ritzmann
- Abb.3: Waldgebiet in der Nähe von Ballachulish/Ursula Ritzmann
- Abb.4: Blick von der Stelle im Wald von Lettermore an der der Mörder saß/Ursula Ritzmann
- Abb. 5: Memorial Cairn im Wald von Lettermore
- Abb. 6: Büste von Robert Louis Stevenson im Kelvingrove Museum Glasgow/Ursula Ritzmann
- Abb. 7: Titelseite des Buches:» The trial of James Stewart«/ Randy Stewart
- Abb. 8: Gedenkstein auf dem Moor von Culloden
- Abb. 9: Karte aus »The trial of James Stewart«/ Randy Stewart
- Abb.10: während meines ersten Besuches auf Mull 1992. Die Wolken hängen tief/Ursula Ritzmann.
- Abb. 11: Sound of Erraid bei Ebbe/ Ursula Ritzmann
- Abb. 12: Ausblick auf Earraid/Ursula Ritzmann/Ursula Ritzmann
- Abb. 13: Seenebel in der Balfour Bay/Ursula Ritzmann
- Abb. 14: Rèilig Odhrain Iona/Ursula Ritzmann
- Abb. 15: Auf einem alten Viehtreiberpfad, Blick von der Passhöhe auf den Loch Bà/Ursula Ritzmann
- Abb. 16: Eilean Musdile Lighthouse Loch Linnhe/Ursula Ritzmann
- Abb. 17: Kinlochaline Castle/Ursula Ritzmann
- Abb. 18: Blick auf den Pap of Glen Coe von Morvern aus
- Abb. 19: Appin von Onich aus/Ursula Ritzmann
- Abb. 20: James of the Glens Memorial Ballachulish Bridge/ Ursula Ritzmann
- Abb. 21: Ballachulish House/Ursula Ritzmann
- Abb. 22: Bach im Gleann Chaolais/Ursula Ritzmann
- Abb. 23: Aussicht vom Berghang oberhalb von Ballachulish House auf den Weg, den Colin Campbell nahm, links ist der Wald von Lettermore zu sehen/Ursula Ritzmann
- Abb. 24: Der Wald von Lettermore heute/ Ursula Ritzmann

Abb. 25: Lettermore, Blick auf die Stelle am Hang, wo der Schütze sich verbarg, /Ursula Ritzmann
Abb. 25: Strath Duror/Ursula Ritzmann
Abb. 26: Zeitungsausschnitt von 1953, der Aucharn zeigt 200 Jahre nach dem fatalen Schuss im Wald von Lettermore/Neill Malcolm Appin Historical Society
Abb. 27: Blick ins Glen Duror 1994/ Ursula Ritzmann
Abb. 28: Bothy an James of the Glen's Geburtsplatz im Glen Duror/Ursula Ritzmann
Abb. 29: Überreste von Rigs auf der Insel Berneray auf den Äußeren Hebriden/Ursula Ritzmann
Abb. 30: Überreste des alten Forts in Fort William/Ursula Ritzmann
Abb.31: Glenure House/Ursula Ritzmann
Abb.32: Ardchattan Priory, hier ist Colin Campbell beerdigt/Lachlan Munro
Abb. 33: Blick über den Loch Linnhe nach Ardgour von Ardshiel aus/Ursula Ritzmann
Abb. 34: Blick auf die Bucht von Cuil/Ursula Ritzmann
Abb.35: Gedenktafel über James Grab auf dem Friedhof der Keil Chapel/Ursula Ritzmann
Abb.36: Wegweiser in Duror zum Geburtsort James Stewarts – The Last Clansman Trail / Ursula Ritzmann
Abb.37: Blick auf South Ballachulish – Laroch/Ursula Ritzmann
Abb.38: Fasnacloich House im Glen Creran/Ursula Ritzmann
Abb. 39: Schieferarbeiter in Thüringen ca 1940 / Werner Möller
Abb. 40: Blick ins Glen Coe von einem Hang unterhalb des Pap/Ursula Ritzmann
Abb. 41: Wasserfall im Glen Coe/Ursula Ritzmann
Abb.42: Blick auf den Loch Leven von unterhalb des Pap of Glen Coe/Ursula Ritzmann
Abb. 43: Blick auf den oberen Teil der Schlucht von Corrynakiegh/Ursula Ritzmann
Abb. 44:   Blick auf das Rannoch Moor bei Kingshouse - Hotel
Abb. 45: Nahaufnahme eine Moortümpels/Ursula Ritzmann
Abb. 46: Blick auf die Berge um Kinlochleven herum und auf den Damm des Pumpspeicherwerkes/Ursula Ritzmann
Abb. 47: In der Nähe der Loch Chiarain Bothy/Ursula Ritzmann

Abb. 48: Blick über das Rannoch Moor auf den Black Water Stausee und die Berge von Glen Coe/Ursula Ritzmann
Abb. 49: Blick auf den Loch Erricht und den Ben Alder/Ursula Ritzmann
Abb. 50: Ardlarach Farm am Loch Rannoch/Ursula Ritzmann
Abb.51: Blick auf den Loch Rannoch/Ursula Ritzmann
Abb.52: Blick auf die Felder von Invercomrie/Ursula Ritzmann
Abb. 52: computeranimierte Rekonstruktion des Aussehens von Alan Breck nach den Steckbriefen. ©Professor Caroline Wilkinson University Dundee.
Abb. 53: Blick auf die ferne Highland Berge von den Fintry Hills in der Nähe von Kippen/Andreas Lange
Abb.53: Bridge of Tummel/Ursula Ritzmann
Abb. 54: Blick auf die Forth Niederung von oberhalb Bridge of Allan -im Vordergrund das Sheriffsmuir Inn/Ursula Ritzmann
Abb. 55: die alte Brücke von Stirling/Ursula Ritzmann
Abb.56: Market Cross von Culross/ Ursula Ritzmann
Abb. 57: Straße in South Queensferry/ Ursula Ritzmann
Abb. 58: Blick auf Edinburgh unterhalb von Arthurs Seat aus/Cornelia Heimer
Abb. 59: Stevensons Geburtshaus in Edinburgh Howard Place 8/Ursula Ritzmann
Abb.60: Herriot Row 17 – hier lebte Stevenson viele Jahre/Ursula Ritzmann.
Abb. 61: Gullane Sands/Ursula Ritzmann
Abb. 62: Bass Rock mit seiner Tölpel- Kolonie/Ursula Ritzmann
Teilkarten 1 und 2: ©google maps:
https://mapsengine.google.com/map/edit?mid=z0bXI22cuCZU.ku2b_vMA_JW8
Farbfotos von Seite 73 bis Seite 92 - Ursula-Ritzmann/Cornelia Heimer/- Andreas Lange
Buchcover Seite 156 ©Ursula Ritzmann

Umschlaggestaltung und Collagen Ursula Ritzmann

Quellen Nachweis:

i **Culloden** - Wikipedia
ii **Die Entstehung von Entführt, die Abenteuer des David Balfour** - »Walking with Murder« -Ian Nimmo
iii **Mull und Earraid** - »Memoires & Portraits« - Robert Louis Stevenson
iv **Der Wald von Lettermore** – Walking with Murder« - Ian Nimmo
v **Duror -** »Culloden and the last Clansman« - James Hunter
vi **Duror** - Neill Malcolm – Appin Historical Society
vii **Duror** - »Culloden and the last Clansman« - James Hunter
viii **Duror** - Michael Thomas Stewart
ix **Duror** - »The Banvan Stewarts« – Christine Laverty
x **Glen Coe** - Wikipedia
xi **Corrynakiegh** - »Culloden and the last Clansman« - James Hunter
xii **Rannoch Moor** - Wkipedia
xiii **Rannoch Moor** – Scotland Info – A. Cunningham
xiv **Loch Rannoch** - »Culloden and the last Clansman« - James Hunter
xv **Loch Rannoch** - »The History of Rannoch« - A. Cunningham
xvi **Von Rannoch nach Stirling** - »Culloden and the last Clansman« - James Hunter
xvii **Von Rannoch nach Stirling** - »Walking with Murder« - Ian Nimmo
xviii **Von Rannoch nach Stirling** - »Walking with Murder« - Ian Nimmo
xix **Gullane und der Bass Rock** - »Walking with Murder« - Ian Nimmo.